超スーパーセレブ　柴村恵美子

億万長者

超ミラクルハッピー　佳川奈未

ツイてる！　ハッピー！　超スーパーセレブな私になる

女が幸せな億万長者になる方法

エッセイスト／リフレミングセラピスト
佳川奈未
Nami Yoshikawa

人生が変わるジーンと感動のまえがき

人生が変わるジーンと感動のまえがき

〝人生の大切なことはすべてここにあった！〟

不思議なご縁でたどりついた会社「銀座まるかん」、そこで私が見たものは『愛』と『感謝』の本質でした！


「ありがとうございます」

「感謝します」

「ツイてる！　ツイてる！」

「おめでとうございます！」

「バンザーイ！　バンザーイ！」


「やってやれないことはない、やらずにできるわけがない」

「大丈夫！　困ったことは起こらない」

「楽しく！　楽しく！」

そんな言葉を自分にかけられ、そして多くの人にかけていく人々、そして、あたたかく優しい笑顔、笑顔、笑顔……。

どんな些細なことにもよろこびあい、励ましあい、認めあい、かばいあい、支えあう……そんな人間としての美しい愛にあふれた心と、自分の内側から自然にわきあがる感謝があふれてくるところでした！

他のどの会社にもないものばかりがここにはあったのです。

いや、もしかしたら世間の家庭の中でさえ、自分の日常生活の中でさえ、失いかけていたものが、ここにはいっぱいあったのです！

誰も責めない、誰も悪く言わない、ただ自分という個人が受け入れられ、認められ、高められるだけ。

いつしか私は見失っていた大切なものを取り戻していたのです。

生きることの素晴らしさや人間としてのあり方の基礎や、本当に大切なものは何かをたくさん教えられたのです。

総合納税日本一の斎藤一人さん創設「銀座まるかん」柴村グループ。日本一の会社は、日本一あたたかい会社でした！

なかでも、いちばんハードで多忙な、いちばんすごい柴村社長が、いちばん優しく素敵な笑顔をしていたのです！　これには感動！

スタッフが明るくのびのびしていて、会社が伸び、代理店さんが増え続け、誰もが逢いたがる人がいっぱいいる、そんな会社だったのです。

そこでは、みんなが同じ方向を見ていました！

愛と感謝を惜しみなく世に広げる方向を向いていたのです。

私の人生観はガラッと変わり、生まれ変わった私になったのです！

ここで私が知ったこの素晴らしさを、もっともっと世の中に広げたいと思ったのです！

人を変えるのも、会社を伸ばすのも、世に良い影響を与えるのも、難しい成功哲学ではなく、人間としてのあたりまえの実にシンプルな、でもとても大切なことで成り立っていたのでした。

私にはある意味それがショックでした。

小手先や技術や理論ではない**本物の愛と感謝だけが、人を人生を世の中を変えていく**ことを知ってしまったからです。

〝小さな気づきで大きく人生が変わる！〟……だからこそ、みんなに届けたいメッセージをここに書いてみたのです。

「豊かだなぁ、幸せだなぁ」

毎朝のいいこと朝礼でくりかえし唱えられるこの言葉で、本当に豊かになっていく過程を私は経験しました。

言葉とそれを受けた心が自分の内側でパワーを持ち、大きな変化を起こしていく……そうして、豊かなおおらかな人になっていき、あらゆる巨万の富を築いていく人になっていくことを知ったのです。

この中にあるエピソードと言葉により、あなたの人生に良きことがなだれのごとく起きますように、願って、願って、書きました。


全国を多忙に飛び回るめまぐるしいスケジュールの中、

「えみさんの話が聞きたい！」

「みんなにえみさんの考え方を広げたい！」

という、私の夢に快く大切なお時間をわけてくださった柴村恵美子社長に心より感謝いたします。本当にありがとうございます。

2005年3月

佳川《よしかわ》　奈未《なみ》

※巻頭の「億万長者シール」には『億万長者の大金運波動』と、『幸せな奇跡の波動』が入っています。
お財布や手帳に貼って大切にしてくださいね。恩恵たっぷりですよ。

女が幸せな億万長者になる方法　もくじ

Contents

Chapter 2

幸せの基本は自分のあり方！ 自分を築けば、人生は思い通りに築いていける！

Contents

Chapter 3

すべては必然！　宇宙のしくみに素直に沿う！

Chapter 4

顔晴《がんば》る人には必ず報いてくれる天の愛を知る！

Contents

カバー・本文イラスト☆飛鳥幸子
ＤＴＰ☆アイテム

プロローグ

斎藤一人さん創設「銀座まるかん」柴村グループ代表
超スーパーセレブな億万長者「えみさん」はこんなにチャーミング!

えみさんの暮らしぶりは、ためいきがでるほど素敵です!

ちょっと近所へお買い物に行くだけでも、高級外車ジャガーに乗っていっちゃうのです。普段着はゴルチェにヴェルサーチ!

お住まいはというと、朝は澄んだ青空に、夜はまたたく星たちに手が届きそうな最高の景色が広がる高層マンション(億ション)。

そこには24時間いつでも好きな時に使えるプールやジムがあって、フラッと入ると中にはかっこいい外人さんたちが仕事の後の自分の時間をそこで満喫しているのです。

可愛い金髪の子供と一緒に親子で汗を流す、その微笑ましい姿……まるで、外国映画の中のワンシーンのような場面があるのです。

そんな暮らしの中にいるえみさんは本当は超多忙!

全国13都道府県のエリアを任されている「銀座まるかん」柴村グループの社長さんです。

日本一の会社を支えるべく、日夜尽力されているのです。

仕事をしている姿はとてもかっこいい！

時代の流れや人々のニーズにとても敏感で、広報関係も自らのアイデアでバンバンとプロデュースしていっちゃうのです！　その仕事の手際の良さにはびっくりです！　なんでもテキパキ、それでもって楽しく笑顔でこなしてしまうのですから、スゴイ。

しかし、仕事が終わると、おいしいもの大好きな歌のうまいチャーミングレディ！　キラキラした目でみんなにいっぱいツイてるいいことを伝えるその姿は、人を心から惹きつけてやまないのです。

誰にでもあたたかくて優しいそのあり方は、人間的魅力にあふれているから、講演依頼も執筆依頼も殺到！（みんなえみさんに逢うと、お金持ちの人のイメ

ージをくつがえされることでしょう）

その豊かなあり方こそが、いまのえみさんの基礎だと思うと、本当の豊かさの意味を感じずにはいられないのです。

これからの時代は、えみさんのようなスーパーセレブがウケることまちがいない！

ふつうセレブのイメージって、ものすごくいいおうちのお嬢様や、大会社の社長の奥様のことを連想しますよね。しかも、自分で活躍したり稼ぐ絵面がその人たちにはないですよね、イメージ的に。

でも、スーパーセレブは自らが一流で、仕事もでき、社交界ともコミュニケーションがあり、人望があり、それでいて、おしゃれで心優しく、超ツイてて、億万長者なのですよ!!

いま多くの女性が、自らの力で世に出て羽ばたき、イキイキした人生を送りたいと望んでいるからこそ、えみさんに逢いたがり、話を聞きたがり、憧れるのです！

超ミラクルレディなエッセイスト「ハッピーなみちゃん」はこんなに不思議！

超ミラクルレディな私の毎日には、不思議現象がいっぱいなのです！

とにかく思ったことが現実になるのがとても早くてシンプル課程！　逢いたい人にはびっくりするような方法で逢えちゃいます。

しかも、相手が俳優さんであろうが、ベストセラー作家であろうが、どっかの会社の名物社長であろうが、外国のロックシンガーであろうが、敏腕プロデューサーであろうが、昔憧れていた人であろうが〝今度はあの人に逢いたいなぁ～〟と、心の中で逢った場面を想定しているだけで叶っちゃうのですよ。

〝よくまぁ～、そんなタイミングでそんなつながり方で出逢えたもんだわぁ～〟とびっくり感心するようなやり方で。

奇跡もコロコロ、シンクロ現象なんて日常茶飯事！

そして、私が何か本を書こうと、自分の中でテーマを持ったとたん、そのテーマにぴったりな話を聞かされたり出来事があったりして、究極の答え（書く方向性や内容や重要フレーズ）がやって来るということが起こってしまうのです。おかげで本は一気に書きあがります。

『恋とお金と夢に効く！　幸せな奇跡を起こす本』を書いた時には、奇跡としか思えないようなうれしすぎる出来事が次々に起こりましたし、『幸せがむこうからやって来る！』（ともにゴマブックス）の時は、執筆中から大きな仕事の話や幸せな出来事がむこうからこっちめがけていっぱいやって来たりしました！

だからこそ、今回のこの本『女が幸せな億万長者になる方法』などを書いているとわくわくしちゃうのです！　またテーマ通りのことが起こるのかと。

〝とうとう私も億万長者かぁ〜〟と、ビバリーヒルズのホテルのスウィートルームで休日をエンジョイする姿が見えるのです。イヒッ。

もちろん、私の本を読んだ人にも共鳴作用して、同じようないいことが起こりますから、わくわくしながら読んでみてください。

というわけで、私もスーパーセレブな自分を確立させるため日夜がんばっております！

読者のみなさん、いま女の時代が来ているからこそ、輝いて夢を叶えていきましょうね、一緒に！　ツイてる、ハッピーな人生をＧＥＴしながら！

Chapter 1

「お金持ちになってから
セレブになるのではなく、
セレブでいるから
お金持ちになれる！」
という衝撃発想！

いまの自分には何もないと思うなら、まず形をつくる！するとそれにみあった変化がある！

みなさん、ビッグになるための第一歩は何だとお思いですか？

世に出て何かを成し遂げ、それなりの地位や名誉や財産を持つようになった偉大な人には、人はその成功の〝秘訣〟を聞きたがるものですよね。

そして、私もまたその秘訣を知りたがってる者のひとりなのですが……。

とにかく、えみさんは、女性でありながらも、大きな事業を展開し、巨万の富を手に入れ、諸外国をもかけまわり、精力的に講演活動や本の執筆までこなしている女性億万長者！

なかでも感動的なのは、地元の高校へ自らの思いで出むき、無償で愛にあふれたメッセージを講演しているというところ。

そんなえみさんは、いまやヤング世代から中高年世代まで、幅広い層のファンを獲得しているのです。

しかも綺麗で優しくチャーミングときたら、女性なら誰もがなりたがりますよねぇ～、彼女のように!! 何を、まず、どんなふうにすれば、えみさんみたいになれるのか!? と、興味津々お聞きしました！

すると、ズバリえみさんは、

「まず、形から入りなさい！　でなきゃ始まらないから！」

と笑っておっしゃるのです！
なんと、形からだとのこと！
そんなに単純なことでいいの～!?　って。
それでいいのだそう!!

「だってなみちゃんね、相談に来る人って、いま困っているのよ。だからいますぐ良い変化を起こせることを教えてあげることで、いまその人を救えるわけよ」

なるほど、納得です。

人間って中身をつくり直せと言われても、そうそう簡単に自分の中身（長年かかってつくられてしまった性格や物の考え方）など変えられないもの。

だから、てっとり早く先に形をつくることで〝それにみあった質〟を自分の内側に持つことのほうが〝良くなる兆しが早く来る！〟ということなのです！

いまの自分には何もない、いま困っているのだという人ならなおさら〝形（外見）〟から入るのがベストなのです。

そしてそれにはちゃんと理由があって、原因や結果があって、れっきとした変化があるからこそのお言葉。

形をつくると必ずそれにみあった中身がつくられていくという事実があるのです。

そこで発生した意識や身なりからかもし出す〝気〟や〝行い〟が、なりたい自分に近づき、理想の人物に近づく最も簡単な術なのです。

中身もないのに形もなかったら身も蓋もないのです。
なぜなら、人というのは常に他人に見られている存在だからです。
だからこそ〝見られ方〟が大切なんですよね。

では、これから具体的に、良き形となる自分のあり方を教えていただきましょう！

お金持ちになってからセレブになるのではなく、
セレブな自分でいるからこそ、
お金も人もチャンスも運もやって来る！

お金持ちになりたいという女性に、絶対的にまず最初に覚えておいていただきたいのは〝あなた自身がセレブでいること！〟だと、えみさんは、しきりにおっしゃっていました。

そのセレブの条件を一言であらわすとしたらそれは〝光〟です。

「なみちゃん、みんなね、私のところにどうしたらお金持ちになれますかって聞きに来るんだけどね、みんなお金持ちがどんなだか知らないのに、なりたがるのよ〜。おかしいでしょ？」

お金持ちがどんなだか⁉　知っていますか⁉　みなさん⁉

「お金持ちはね、みんなセレブなのよ！　セレブじゃないお金持ちなんて逆に言えばいないのよね」

そこで私は、

「えみさん、誰もがえみさんのように素敵なシャンデリアきらめく高級億ションに住んで、綺麗な宝石を身につけ、優雅に暮らしていきたいと夢見ていて、そのためのお金を欲しがっているんですよ。それを手にするためのお金の稼ぎ方が知りたいんですよ」

と言うと、

「違うのよ。お金持ちになったからセレブのような暮らしができたんじゃなくて、身も心ももともとセレブだったからこそお金持ちになれたのよ、私も他のお金持ちの人もみんな！」

なんと!?　ある意味逆転発想!?

「つまりね、セレブってどんな感じかというとね、光っている人なんだということなのよ。

たとえば、お顔だって艶やかでいつも潤っていて肌も綺麗で、髪は輝き、瞳も輝き、オーラがあるでしょ。ファッションも人の目に映えるようなもので、キラキラ輝くアクセサリーや宝石なんか着けていて、みんな光ってるのよ！

ほら、想像してみて、ハリウッドの女優さんを。

そういう〝光〟を感じさせるような〝光〟を放つような〝魅力ある人〟だからこそ、みんなが近づきたがり、いろんなお誘いや、仕事の話やチャンスに導かれているのよ！　わかってもらえるかなぁ。

つまりね、**誰と接してもこちらが光っていなくちゃ〝良い人物〟とも〝良い仕事〟とも〝良いお金〟ともめぐり逢えないのよ」**

これは何も高級品を身につけろと言っているのではなく、そういう工夫をしてくださいということです。お金をかけなくともできることなのです。

スーパーセレブは、キラキラ光り輝いている！

世界のセレビアンレディは、みんなキラキラ光り輝いている！

「人は豊かさを感じる人をめがけて寄って来るのよ」

とえみさん。

つまりそれは〝光〟！　希望の光を相手に感じさせることが、人間関係でも、ビジネスでも、すべてのことを成功させる大切なポイントとなるのです。

〝この人と一緒にいたら、こっちの心までキラキラ輝くなぁ～〟

〝なんだかこの人と一緒に仕事をすると、もっと豊かになれそうだなぁ～〟

と言えるような良い期待を相手に抱いてもらえなくちゃダメなのだそう。

繁栄を感じない人のところにさらなる繁栄は来ないのですよ、これ宇宙の法則です。

「何もかも、こちらに来なけりゃ、手にできないのよね。追いかけてもけられるようじゃ、ダメなの。いい話はみんなむこうからやって来るものだから。

これは何も難しいことじゃなく、この逆を考えてみればよく理解してもらえると思うんだけど。

たとえば、顔がガサガサ荒れて乾燥していて、髪がパサパサで汚れていて、くすんだ服装をして、目はどんよりの、見るからに生活に疲れていそうなオーラのない人に、人は魅力を感じないでしょう。

だから、**お金持ちになる人っていうのは、最初からなんだかこんなふうに〝光〟を身にまとうこととか放つことを知っている人なのよ**」

そして、えみさんは続けてうれしい不思議な話をひとつ。

「それでね、自分の外側に光をまとうと、今度はその光が体の中に自然に入っていって内側から光を放つ人になるの。

そうなるとあとは神様から見初められる人になったというわけで、いろんないいことが次から次へとやって来るようになるのよ。

これは本当の話よ。私は最初に斎藤一人さんと出逢った時から言われてたこと『えみちゃん、光りなよ！　するともっともっとどんどん良くなっていくからね』を素直にやってきただけなのよね。

それでいまの自分があるからこそ、こうしてそれをみんなに伝えているわけよ」

肝心なのは〝光る努力をする〟ということです！

高価な宝石を身につけなさいと言っているわけではありません。

身づくろいや顔つき、服装などに、もっと晴れやかさを持たせるのがいいわけです。

たとえ1000円のアクセサリーでも何か光るものを身につけることで、キラッと光ります。その姿と自分の気持ちを感じてみて欲しいのです。

何も自分をかまわない時より、確かに光るはずです！

「ダイヤモンドだってそうでしょ。最初は本当にただの石。私はこの目でダイヤモンドの原石を実際に見て、触ってきたんだけど、本当にそこらへんの石となんら変わらないふつうの石なのよね。それがさぁ、磨いて磨いて綺麗にしてあげると光るから不思議なのよね。で、最後には、もうキラキラ輝いてすっごく綺麗でとっても高価なものになって、みんなが憧れ欲しがるうっとりするようなものになっちゃうんだからすごいよね～。

人間もそのダイヤモンドと同じなんだよ！

何にもしなかったらそのままだけど、自分を一生懸命磨いてやれば、誰よりも光り輝く存在になるんだよね！」

原石だからこそ、磨く価値があるんですよね。みんなみんな自分のことを……。

〝光〟を取り入れ自分の身にまとうと、神様の大抜擢を受ける！

そういうわけで、光っている人というのは、人の目や関心を惹き、それゆえ良いお話にもつながりやすいということは理解できましたし、ならば素直に真似てみようかなぁ～という方もいらっしゃることでしょう。

もちろん私はいいことはすぐ真似ちゃってます!!

そして、この〝光〟の効果は、人間だけにでなく、神様にも通じるものだということなのです！

神様はいつも私たちより上のほうにある場所、天にいます。

そして毎日頭上から私たちを見ているから〝光っている人〟は見つけやすいのです!!

ゆえに、光っている人の世話はしやすいというわけで、**光の目印がきっかけとなって幸運を授けられやすくなるという『うれしい光の恩恵法則』があるわけなのです！**

そういえば、長いこと逢っていなかった友達に久しぶりに逢ったら、なんだかまえより綺麗になっていて、洋服のセンスも一段と良くなっていて、みちがえるほど輝いていて、近況を聞いてみると、彼氏はできるわ、夢は叶えるわ、望んでいた仕事に就いているわで〝いまとても充実していて幸せなの～〟ということがあり、輝く彼女の幸せ現象をその姿から知らされることがあります。

また、テレビなど見ていても〝近頃あの女優さんオーラが増してまぶしく映るなぁ〟と思っていたら、映画で大きな賞をとったり、素敵な男優さんとラブラブだったり、コマーシャルで〇億円稼いでいるということが耳に入ってくることもあります。

それもこれも考えてみれば、その女性たちが〝セレビアンレディ〟になっていたり〝光〟をまとっていたりしていることの恩恵にあずかっている現象のよう！

世界的な人気を誇る映画女優や、世に大きな名を残すような大富豪のセレビアンレディは、みんな本当に艶と光と豊かさを身につけていますもんね。グレース・ケリーもオードリー・ヘップバーンも!!

実際（ここからはまたミラクルなみちゃんの宇宙的観点が入っちゃいますが）、物理学の世界では人間の構成について研究を突き詰めていくと、人は光の素粒子から成り立っているということもあり、身にまとったり、放ったり、自分の内側に広がったりする光が、他の光の存在と共鳴して、いろんな関係を持ったり、世界を広げたりするのは、あたりまえの現象！

ですから、えみさんのおっしゃる「光論《ひかりろん》」は私には大納得のおもしろいお話でした！

ツイてない人・もっと金運や強運が欲しい人は今すぐ光りなさい！

〝ツイてる人は光ってる！〟ということの言葉、えみさんの会社「銀座まるかん」ではみんなが知ってる法則です。

ではこれをもっと詳しくお伝えしましょう。

人間は誰もみんな、ひとりでは生きていません。

他者に助けられたり、認められたり、導かれたり、守られたりしながら、それがあるからこそ、こうしてここに無事生かされているものです。

さて、そんな自分への〝ご加護〟を強化することで、ツイてる人はさらにツイてる人に、ツイていない人はツイている人になれる秘訣を公開！

まず、すべてのご加護にポイントがあります。

頭は天（神様）のご加護、顔は世間（人々）のご加護、足元（靴）は先祖の

ご加護があるのです。そしてそれぞれ共通してポイントとなっているのはそこを〝光らせる〟と、運が開けるということです。

ですから、そこを光らせるアクションをとれば簡単にそのご加護が得られちゃうというわけなのです。

髪はいつも綺麗に艶やかになるようにお手入れしたり、ヘアークリームなどで光らせたり、お顔も水分や油分をしっかり与えるスキンケアをして潤った肌になるようにし、足元は、ボロボロの靴など履かないようにし、いつも綺麗な靴を履き、いつも磨いておくといいのです。

まるかんで教えてくれることはいつもとてもシンプルで、教えてもらったその日からすぐ真似して取り入れられ、そのうえすぐに良い変化が現れる不思議なことばかりなのです！

だからすぐに多くの人に広がって、みんなが笑顔で「いいことあったんです～」と、よろこんで言ってくるのです。

簡単な実行ひとつで、明るくなって、救われちゃってるんですよね。

「頭」「顔」「足元」を綺麗に光らせ開運しよう！

人に豊かさを見せてあげると、人は安心してその人の話を聞く！

人はみんな、豊かさを感じる人のところに寄って来るとまえのページでも書きましたが、本当にそうです。

私たちは誰もが意識するしないにかかわらず（いや、もしかしたらかなり意識しているかも）、**自然と豊かなところに惹かれているのです。**

たとえば、暇で暇で閑古鳥が鳴いているようなお客さんが誰ひとりいないお店には入らないですよね。

そんなお店はなんかおいしくないんじゃないかと思ってお食事もしないですよね。

逆に、いつもいつも活気があってにぎやかに人が出入りしていて繁盛しているお店には、並んででも、予約してでも行きますよね。

それこそが「豊かさにまつわる牽引の法則」（さらなる豊かさを惹きつける法則）が働いている証拠だからです。

また、仕事でも恋愛でも、何かを相談する時って、その面で、その分野で、豊かに潤っている人に話を聞きにいきますよね。

仕事で豊かさを得ていない人に仕事でうまくいく話や、モテたことのない人・異性と全然接触がない人に恋愛がうまくいく話は聞きにいかないですよね。

なぜなら、それは〝信用ならない〟〝安心できない〟からなのです。

いくらその人が口でいいことを言ったとしても、

「でもあんたのお店潰れそうですから〜残念！」

「でも、あんたは異性に縁がなくていつも孤独そうですから〜残念！」

と、波田陽区じゃないけれど、〇〇斬りしたくなっちゃいますものね。

豊かさは人間に〝安心〟を与えるすごいものなのですよ！

たとえば、特別なアドバイスをしなかったとしても、（たとえば、『いつもニコニコしてたらきっと近いうちにいいことあるよ！』というようなことで、直接、仕事や恋愛の解決になってなさそうな実に簡単な言葉を言ってあげただけでも）、相談に来た人は、豊かさをあびて気持ちを回復させ、また豊かな気持ちで明日へとのぞめるものなのです。

その人に逢って、そのひと言をもらえただけで、何かが変わるほど影響を受けるのですよ。

そして、本当にその良い影響が、次の良い出来事を導いてくるから不思議なのですが……。

自分が豊かになれば、小さなひと言ででも、大きく人を救えるからすごいのです。

そして、そういう人をまた神様が豊かに救ってくれるものなのです。

光っている〝福相〟の人とくすんでいる〝貧相〟の人、これからの時代は絶対的に福相者の勝利！

「億万長者になりたいって本気で思うなら、自分の顔を〝お金持ちの顔〟にしていかなきゃいけないよ」とえみさん。

「えっ？　顔!?」

「そうだよ、**お金持ちはみんなお金持ちの顔になっているんだよ。努力しなくても、最初からお金が寄って来る顔っていうのがあるのよ。**

逆に、いくら努力してもなかなか報われない人っているでしょ、それはね、お金が寄って来ない顔してるからなのよ。

じゃあ、**お金が寄って来る顔、億万長者に共通している顔ってどんな顔かっていうとね〝福相《ふくそう》〟なのよ！」**

「福相？」と、私は初めての言葉に興味津々！

「福相っていうのはね、何も美男・美女とはまったく関係ないの。

つまり、**豊かさがにじみ出ている顔**のことなのよ。

私が何回も言っているように、**顔は絶対乾燥させちゃいけないのね。しっかり潤いがあって、艶が出て光っていて、笑顔で、口角は上にキュッと上がっていて、瞳は輝いていて、目は優しく、眉も優しいラインで、顔全体が〝◯（まる！）っていう印〟を出していて、円を描いたような顔なのよ！**」


なぜ、そういう顔が〝福相〟かというと、人との良いご縁や福の神に微笑んでもらえる顔だからだそう！


「私たちの顔というのは、誰が見ている？

人に見られてるでしょ。

自分でも見るけど、鏡なんか一日に何度も見ないでしょ。

自分の顔は大半は他人に見られているっていうことなのよ。

それなのに、顔が◯（まる）じゃなく×（バツ）を出してると、目の前の人や出来事を拒否していることになるのよね。

×の顔っていうのは福相の逆の〝貧相〟のことなんだけど、この貧相というのは、肌が荒れてて潤いがなく乾燥していて、口は不平不満を溜め込んだようなへの字をしていて、目はどんより、あるいはギラギラ欲ばっていて、眉は逆八の字でつりあがっちゃっているという顔。

これでは顔に×（バツ印）をつけて歩いているようなものなのね。

で、その顔もまた、自分よりも他人に見られていることになるわけ。

人は×なんかついてる拒否感ある顔の人には近づけないのよ。

そんな人とは誰も積極的に仲良くなりたいとは思わないでしょ。

でも、顔に〇がついていると、人は歓迎されていると感じるのよ、受け入れられる安心感も持てるの」

しかも、その影響は、人に対してだけじゃなく、天の高いところから私たちの顔を見ている神様にも見られているというのです。

「神様は、とても豊かで愛情に満ちていて、私たち人間にいいものをいっぱいいっぱいあげたいと思っているわけ。

なのに、顔が×になっていると、神様は〝あっ、この人はいらないっていう合図してるんだな〟と、思って、素直に受け入れ態勢のできている○の人にいっぱいいいことを〝受け取ってくれるならあなたにあげるね〟って、たくさん良いものを与えてくれるのよ。

お金というのは、人のご縁でつくられるもの！

円は縁でつくるっていうのよね。

その人とのご縁も神様のとりはからいで来るわけだし、だからこそ、人にも神様にも見せている自分の顔が〝福相〟になっていることが、大切なことなのよ。お金持ちになりたいのなら！」

と、いうわけで、私もさらに福相になるよう、この日からまたまたちゃっかり取り入れていて、すると、それをし始めてから、お金になる話がまたもやたくさん入ってきて、その効果によろこんでいるわけです！

「それでね。お金持ちの人って、相手が自分と同類の人かどうかをこの顔を見てすぐわかっちゃうのよ。

お金持ちの顔“福相”になって、お金が寄って来るようにする！

すぐわかっちゃうから、自分たちと同じ人だと気づいたら〝この人だ！〟と思った人に声をかけてくれるのよね。それが、仕事の話であれ、結婚の話であれ、誰かを紹介するといった話であれ」

〝類は友を呼ぶ〟という言葉がありますよね、まさにそういうこと！

「福相の人は福相の人同士集まって、さらに繁栄していき、貧相の人は貧相の人同士集まって、ますます良くない方向へいってしまうということが起こるの。

これからの時代は、みんながみんな豊かさを求めてやまない時代だからこそ、自分の顔を磨いて、福相にして、顔に○をつけて、成功への道を進んでいって欲しいのね」

と、えみさんはしみじみ！

そして「これからの時代は、絶対〝福相〟の人の勝利！」だと断言されていました。

可愛い大切な自分の顔だからこそ〝福相〟にして、人に愛されるようにし、天からいいことをいっぱい授かれるようにしたいものですね。

人に光を与える人が不幸になるわけがない！

光は何も、外見のことだけに限っていません。

内面からにじみ出て来るものの、すべてが光っているほうがもっともっといいのです。

「たとえば、**心に光を持っている人は、言葉が光ってくるの。そして、ふるまいが光ってくるし、行いが光ってくるのよ。そういう生き方を日々の生活の中でしていると、その人の人生そのものが光ってくるようになるのよね〜。**

そして、そんな人に神様は多くの光を投げ、さらなる幸運で光り輝く人生へとどんどん高く昇らせてくれるのよ」

と、えみさんはまたもやキラキラ。

言葉が光っているというのは、相手に〝希望を持たせる〟ような言葉を話すということです。

たとえば、目の前に自分に自信がなくてうつむいている人がいた時に〝あなたの瞳はとても綺麗だね〟とか〝お洋服のセンスがいいね〟とか、とにかく何でもいいから褒めてあげると、そのよろこんだ人の顔がみるみる明るくなってきます。

また、大変な状態の中にいる人に、「大丈夫！　なんだかあなたに対して良い予感がするから、それうまくいくよ絶対！」と、言ってあげると、一瞬で顔がパーッと明るさを取り戻したりします。

それは、その放たれた言葉によって、その人の心が光を受けるからです。

希望の光が見えると人はなんとかもう一度がんばろうと思うものです。

沈んで弱くなっていた人の内側にみるみる立ち上がる、復活するパワーを与えることができるのが、光っている言葉と行為の結果なのです。

そうやっていい方向に人を導いたり、人を光の射す方向に連れていってあげると、今度は神様がそれをした人に光の道をくれるのです。

光の波紋は大きく広く広がるので、とても世界が明るくなります。

そんな人が不幸になるわけがないのです！

光の道を歩く人には、神様のサポートが常に来るので、明るい未来が待っているのです！

女性はみんな綺麗なお花として生まれてきた！ だから土や雑草の色ではなく、お花色を身にまとうと女性運が開花する！

えみさんのお話を伺う日、私はいつもと違う私らしくないファッションをしていました。

普段あまり着ないベージュ系の地味な服装だったのです。

実は本当は、私のテーマカラーはピンクで、ピンク・ファッションをしているだけで、いつもうきうきルンルン元気な私でいられるのです！

ところが、実はこの対談の数日前に仕事で一緒になった男性スタッフに、

「もう、いい年齢なんだから、ベージュとか紺とか黒とか落ち着いた色を着たらどう？」

と、言われ、相手が男性であっただけに、なんだかショックでシュンとなっていたのです（日頃は人の言葉に左右されない私なのですが）。

それで、そんなことが頭にあったので、えみさんにも失礼であってはいけないと〝地味子ちゃん〟で逢いに行ったのです。

すると、えみさんは、

「なみちゃん、だめだよ～そんな地味なかっこしてちゃ！　ピンクとか明るいお洋服のほうが似合うよ！　絶対！　もっともっと明るく華やかにしてごらん、そうしたらもっと運気がＵＰするから！」

と、おっしゃるではありませんか。


それで、私がその服装にまつわる話をタラタラすると、

「だからなみちゃん、そうやって、明るくピンク着て元気にやってたから運が良かったんじゃないの！　だったらそのままでいいんだよ！」

とえみさん！


な～んだ、やっぱりそうか！

私はこの不本意な落ち着きはらった静かなお洋服を着た時から、なんだかテンションが下がって、気分ものらなくて、メイクも映えなかったんです。身にまとう色で、こんなにも顔つきや気分やテンションが左右されるものかと自分でもびっくりするくらい、ピンクを着ている時の自分と違う自分になっていて……。

で、えみさんが、とってもいいことを教えてくれました！

「女の子はみ〜んなお花なんだよ！　だから、明るくて気持ちがパーッと咲き誇るような色を着ないとね。

お花ってみんな可愛い色してるでしょ。

ピンクやオレンジや赤を着て、華やかでいいんだよ！

だって、女の子はみんなお花なんだから。

なのに、雑草の色や土の色や灰の色をまとってちゃ〝お花〟じゃないのよ」

そういうえみさんは、とてもおしゃれです！　オレンジやイエロー、ピンクも赤もどんな色のお洋服もとてもよく似合っていて、えみさんがそこにいるだけで、まわりがパーッと明るくなるのです！

そういえば、よく、女性を表現する言葉に、

〝あの人が部屋に入って来るとパッーと花が咲いたようになる！〟

〝あの人は華のある人だね〟

〝ひまわりのように明るい人だね〟

などと、お花にたとえて言われることがあります。

で、えみさんの話に私はふむふむとうなずいていたのです。


「明るいお花色のお洋服を着ていると、女性の運はみるみる開花するのよ！

それでね、女性は、まず、男性の目にもとまらなきゃならないのよね。

このお花色のお洋服を着れるというのが、女性の特権でもあるんだから、綺麗に映らなきゃ魅力も出ないのよ。

私も一人さんに出逢った時に『明るいお洋服を着て、お花になりなよ』って言われて、素直にやっちゃってるから開花しちゃってるのよ」


そして、こんなことも。

「街の中歩いて見てごらん、素敵な男はみんなきれいな女性を連れて歩いてるのよね。いい女性は、みんなセレブファッション、つまりお花色の明るく華やかな服装をしていて、オーラがあるのよ。

だから、素敵な男とつきあいたいとか、人より何かで抜きん出て成功したいとか、魅力をＵＰしたいとか、幸運に出逢いたいと思ったら、お花のように明るく華やかに光ってオーラださないとね」


いつも地味子ちゃんの人は、ちょっとお花色を着てみる変化を持ってみてくださいい。ポイントはくすまないこと！　華のある人になること！

お花色を身にまとうだけで、気持ちが明るく軽やかになるのがわかりますよ！

そのうえ女性運も上がっちゃって、うれしい効果が期待できますよ！

お花色を身にまとって一気に女性運をUP！

☆超スーパーセレブな女性の条件☆

超スーパーセレブは、自らが一流であることを目指しているのです！誰かにたかったり、こびたりせずに、ありのままの自分で、高いパワーで自分をつくっている人なのです！

しかも他人にはこよなく豊かで優しいので、誰からも好かれる存在！

1　とにかくおしゃれで美容や自分磨きに関心が高い
いつもキラキラ華やかで美しい自己像をしっかり持っている
2　何よりも健康に気をつけている
フィットネスやジョギングなどにかかわり、体力保持を楽しんでしている
3　どういうことにせよ選択肢をたくさん持っている
物を買う場合においても、お金があるかないかで判断せず、自分が欲しいか欲しくないで決める。習い事や交友関係、仕事など、すべて自分の意思を持って決めている。これしかないからしかたなしにこれにするという考えで物事を選択していない
4　自分で何かをやりとげる力が若いころから内在している
5　思ったことはすぐ行動にうつす、フットワークの軽さを持っている
6　自分の仕事に良いプライドを持っている
7　仕事も遊びもアクティブ
8　時間の使い方がうまい
多忙な時も、すべきことや自分に必要な時間はしっかりとっている
9　精神的に大きなゆとりを持っている
10　自分を大切にし自分を愛することを知っている
上記のすべての内容は、自分を大切に愛しているがゆえのこと。また、同じ意識で他人のことも大切にし愛する心を持っている

☆本物のセレブだけがそなえている
大切な要素☆

1　心が大きくおおらか

2　愛にあふれている

3　思いやりがある

4　華やかで光り輝いている
（観音様の後光のような光《オーラ》のある人）

5　美しい心・磨かれた魂を持っている

☆これからの時代にウケる魅力的な人の条件☆

宇宙的豊かさを迎えようとしているいまこの時代……。

貧しい時代も超リッチな時代も平々凡々ふつうな時代も、くりかえしてきたからこそわかる“人”のあり方がそこにはあるのです。

1　素直な人

素直な人とは、何でもかんでも人の言いなりになるだまされやすい人のことではありません。他人の話にもしっかり耳を傾けられる純粋な気持ちのある人のことです。そして、素直な人は魂がキレイなので、まちがった選択をしないでいられるようになっているのです。だから、他人の話もしっかり受け止められ、なおかつ自分の答えを出せる人なのです

2　優しい人

“優”という字は人が憂うと書きます。つまり、人の悲しみがわかる人こそ、真の優しさを示せる人なのです。人の悲しみのわかる人の言葉は、いつも心にジーンとあたたかく感動的なのです

3　明るい人

まず明るい笑顔、明るい言葉、明るいふるまい、それこそが明るい人の基礎。豊かさとよろこびを目指し始めたこの時代には、絶対明るさが必要不可欠!　明るさこそがよろこばしい希望の光で、人を時代を未来を照らせる人なのです

4　人に好かれる人

どんなに頭が良くても、どんなに才能があっても、人に嫌われるような人ではダメ。上記の要素があるだけで、自然に人に好かれ、良い人やチャンスや出来事や神様に引き上げられるのです

Chapter 2

幸せの基本は
自分のあり方！
自分を築けば、
人生は思い通りに
築いていける！

頭を横ではなく縦にふると、お宝ザクザク〝打出の小槌〟になる！

「人間の頭は〝打出の小槌〟」

と、えみさんは教えてくれました。

その、打出の小槌には使い方があって、正しい使い方は、頭を縦にふるということです。

縦にふっていると、次から次へと良いことが、ザクザク出てくるというのです。

横にふっても、何も出てこないのです。

つまり、これは〝人と接する時の大切なヒント〟を言っているわけなのです。

たとえば、誰かの話を聞く時も〝うん、うん〟と、相手の話を受け止めてあげたり〝そうだよね〟と、認めてあげたり、うなずいてあげると、相手はとてもうれしく思い、良い気持ちになり、その人に好意を持つものなのです。

そうして人は〝自分をわかってくれた人〟に対して心を開くものなのです（人間影響心理学でいう「自己開示の法則」です）。

たとえその話が〝まちがっているなぁ〟と思っていても、いったん、その人の話を受けとめてあげると、そのあと、こちらが違う意見を話しても、その人は、素直に話を聞いてくれるものなのです。

また、人の話に素直に〝はい〟と言うことができる人は、必ず、伸びるのです。

「でもね、しかし、いやです」などと、頭を横にしかふらない人には、いいことも教えてあげようとは思わないわけです。

聞く耳を持っていない人になど、誰も何も話したくないものです。

「素直な人、人の話を聞く耳を持っている人には、みんなが〝この人にいいことを教えてあげよう〟〝いい話を持っていってあげよう〟と思うものなのよね。

そう思われただけで、その人は他の人より得して、ツイてるじゃない！」

頭を縦にふるということをしているだけで、他の人よりも人に好かれ、可愛がられ、いい話が入ってきやすく、ゆえに幸運の道も開きやすいというわけなのですよね。

お宝となる人間関係やツキというのは、実にシンプルなことで成り立っているものなのですね。

〝天国言葉〟と〝地獄言葉〟を知り、天国のほうにだけつながる！

「言葉にはね、人を幸せに導く〝天国言葉〟と、人を地獄に突き落とす〝地獄言葉〟というのが、あるのよ」

と、えみさんは話し始められました。

「天国言葉というのはね、人を元気づけたり、勇気づけたり、励ましたり、癒したり、救ったり、幸せにしたりする言葉で、相手のためになる良い言葉なのね。

逆に、地獄言葉っていうのは、人がイヤがるようなことや、気持ちが沈むようなこと、傷つくようなこと、悲しませるようなこと、怒らせるような悪い言葉なの。

それでね、**天国言葉で人に話しかけられる人っていうのは、相手を幸せに導くだけでなく、自分もまた幸せに導かれるようになっているのよ。**

地獄言葉で話す人というのは、相手を地獄に突き落とすだけでなく、自分もまた地獄に落ちていくの。

なぜかっていうとね、言葉には〝言霊《ことだま》〟というものがあって、口にしたり、放ったりした瞬間にそれにみあった波動が出て、そのとたんからそれにみあった現実がつくられちゃうようになっているから！

だから、自分が口にする言葉ってとても大切なのよ。

だって、相手だけでなく、自分にも大きくなってその影響が返ってくるものだから」

口にする言葉の大切さは私も常日頃から感じていたので、なるほど、なるほど……。

この口にする〝言葉〟というのは、ほとんどがその人の習慣のもののような気がします。

ポジティブな人は誰に言われなくても、いつも口にする言葉がまえむきで気持ちよく、話をしているだけで、とてもパワーがもらえたりします。

それにひきかえ、ネガティブな人の話というのは、いつも口にする言葉が暗く、ジメッとしていて、聞いているとなんだかテンションがこちらまで下がってしまい、不愉快になるものです。

思わず〝そんなんだから、なかなかいいことが起こらないのよ〟と、感じちゃうような……。

人は、人と接してこそ物事を動かせるもの。人と人とのコミュニケーションとして必要不可欠なこの「言葉」こそ、重要な働きをしているものなのです。

ちなみに、**天国言葉とは「ツイてる」「うれしい」「楽しい」「感謝しています」「幸せ」「ありがとう」などがあります。**

こういう言葉をたくさん言っていると、また言いたくなるような、幸せなことがたくさん起きますよ。

一方、**地獄言葉とは、不平や不満、愚痴や泣き言、人の悪口・文句や、心配事を口にすることです。**

こういう言葉を言っていると、こういう言葉をもう一度言ってしまうようなイヤなことがまた起きますよ。

「言葉には、パワーがあるの。**もし、地獄行きの言葉を言ってしまったら、『ツイてる』と10回言ってみて！**」

意識して、天国言葉を口にし、相手も自分も幸せに導きましょう！

Chapter 2

幸せの基本は自分のあり方！
自分を築けば、人生は思い通りに築いていける！

「ツイてる」「うれしい」「楽しい」「幸せ」「ありがとう」
…人も自分も幸せになる、天国言葉を口にしよう！

「徳」を積むのに荒行はいらない！
明るく明るく「徳」を積む！

えみさんにはいろんなことを教えていただき、学ばせていただき、可愛がっていただいているので、心から感謝していると、えみさんは優しい顔で、こう言ってくださったのです。

「なみちゃんは〝徳〟のある人だから、みんなに可愛がられて上に引きあげてもらえるのよ。そんな人にツイてることも幸運も奇跡も起こるんだよね！」

「えっ、徳のある人？」

と、私は自分に徳があるなどと思ったこともなく、特に徳を自覚してもいなかったので、そのことについて聞きましたし、調べてみました。

よく仏教などでも、〝徳〟を積むということの大切さを説かれていることがあって、私たちも良い出来事や良い人との出逢いに満ち、幸福に暮らしている人のことを「あの人の人徳のせいだね」とか「徳のある人だから恵まれているんだよ」などと言うことがあります。

この〝徳〟を積むことがとても尊いことだとして、なんとなく誰もがわかっているのです。

ですが、この〝徳のある人〟になるのが、なぜか難しいことのように思われているところがあって、〝徳を積んだ人＝すごい人〟とか、お坊さんみたいに何もかも悟った特別な人のようにとられているようなところもあるようです。

では、この徳というのは本来どういう意味なのか、辞書で調べてみると、
ひとつは、『徳』→身に付いた人間としての正しい心
もうひとつは、『徳』→利益。もうけ
あとひとつ、『徳』→道徳
と、載っているのです（角川書店　類語新辞典）。

そうやって調べていって、私は気がついたのです！

徳を積むというのは、何も難しいことではなく〝ふつうのことをあたりまえにやっていること〟〝素直でいること〟そのままではないかと。

そしてその徳のついた人に、あたりまえのごとく利益（良い人とのご縁やチャンスや出来事や幸運や富）がやって来て、徳の道を歩けるようになるのだということに！

そういえば、えみさんはこうおっしゃっておられました。

「たとえば、人に何かをしてもらったら〝ありがとう〟とちゃんと言葉にして気持ちを伝える、自分がまちがってたかなぁ〜と思ったら〝ごめんなさい〟と素直に言う。

ねっ、これってあたりまえのことでしょ⁉　でも、これを素直に実行できる人が少ないのよねぇ。

頭でわかってるって言っても、ちゃんとやらなきゃ人には理解してもらえないんだもん。

あと、たとえば、目のまえにいる相手には気持ちよくふるまう。

相手が何か話していたら一生懸命耳を傾けてあげる。

それから、相手が暗くなっていたらその人に希望の光が見えるような天国言葉をかけてあげるとかね。

こんなふうに、人が気持ち良く接することができる人間であれば、誰からも好かれて、可愛がられて、もちろん神様からも好かれ、いい子にしてたごほうびがちゃんともらえるものなのよ！

つまり、徳のある人とは、人の心を明るくしたり、人の心を軽くしてあげられる人のことかな」

そうです、この徳を積むという行為は、何も滝に打たれて荒行の旅に出なくとも、いますぐできることで、とてもシンプルなことで、眉間にしわを寄せなくても〝明るく、明るく〟やれることなのですよね！

「どんな場面でも、成功しようとか、物事をうまくいかせようと思っているなら、まず、そういう自分をつくることが大切。

成功するって何も難しいことじゃないんだよね。

人間としてあたりまえのことをちゃんとやっていることの成果だから！」

えみさんのお話は、いつも心にスーッと入って来てホッとする言葉ばかりなので、とても素直に聞けちゃうのです。

「だってさぁ、なみちゃん、何か大きな仕事があって人を探してるっていう場合でも、いい人がいてご縁を欲しがっているっていう場合でも、ありがとうやごめんなさいも言えない人だったら、誰にも紹介できないもんね。

仕事も恋愛も何か夢にたずさわることでも、結局、人と人とのご縁で成り立っていることだからこそ、徳のある人が得なわけよ」

徳を身に付けたら、もれなく〝お得〟がついてくるのです！

“ないもの”こそが“あるもの”をつくってくれる偉大なもの！感動によって生まれるものは、すべて宝物となって自分に残る！

ニューヨークの摩天楼を思わせるえみさんのお住まいは、超かっこいいのです！

最上階にあるそのお部屋は、バルコニー一面が大きなガラス張りになっていて、夜はキラキラ輝く星空と外の景色のライティングで、街中がダイヤモンドになったようなきらめきを見せてくれるのです！

インテリアは、外国から輸入したというゴージャスソファがど～んとくつろぎスペースをゆったり広々確保していて、高い高い天井にはどこかの一流ホテルでしか見たことのないような、ものすごい光りきらめく大きなシャンデリアが!!

そして、上のお部屋に上がる白い螺旋階段もとってもおしゃれ！

バルコニーもお部屋に負けないくらい広くて、そこにたたずんでいるだけで、なんだか異国の地に来ているかのような気持ちになるところなのです。

そうして、お招きされたその日は、えみさんが腕をふるったお料理が、大理石のテーブルいっぱいにこれでもかというくらい（王様の晩餐かと思われるほど）並べられて、私はちょっと興奮気味で。

また、お料理がとても上手なんです！

バリバリ活躍されているその姿とはうってかわった、キュートな女性の姿に私はジーン……。


「えみさん、すご〜い!!　私もこんなおうちに住めるくらいすごい億万長者になりた〜い!!」

と、私がワァーワァー、キャーキャー言って感動していると、またまたえみさんが、ポロッと、

「なれるよ、なみちゃん！」

と、簡単に言うのです。


えみさんは何でもスケールが大きくて、簡単に言っちゃうのです。

で、私が、

「えみさ～ん、毎日こんなに大きなお部屋で過ごしていたら、スケールの大きな考えにもなりますよねぇ～。私ももっと大きなおうちに引っ越したら、いまより発想も大きくなるのかなぁ～」

と、言うと、

「違うよ、なみちゃん！　大きな広々とした空間にいるからスケールが大きい考えができるんじゃなくて、もともとスケールの大きいことばかり思ってたから億万長者にもなれたし、こんなうちにも住めたんだよ！」

と、言うではありませんか！

「逆なんですね～！」

「そうだよ、逆だよ！　お金持ちになりたいとか、成功したいとか、大きな夢を叶えたいとか言っているわりには何も成せていない人たちは、みんな逆なんだよ。貧しい心で貧しい発想しかしないから大きく飛躍できないんだよね。

ほら、なみちゃんならなれるよ！　って簡単に言えちゃうのはね、なみちゃんがもうすでにスケールの大きなことや、大きな発想や豊かな心でイキイキ生きているることが私にはわかっているから言えるのよ。

なんでもそうだけど、心の内側にあるものが外側に表出するだけなのよね。

それが宇宙の法則。だから、豊かに大きく考える人が大きく成功するのはあたりまえのことなのよ！」


やはり、ここでも（えみさんの暮らしの中でも）えみさんの成功の秘訣が、宇宙の法則通りちりばめられていました！


そして、こんなことを。

「感動って、ないものを見た時に起こるものなのよ。たとえば空気が吸えない呼吸困難になって初めて、空気のありがたさがわかって感動したり。

ほら、水泳してて潜ってて長いこと息を止めてたら、水面に上がってきて、空気を吸えた時、感動でしょ、空気があることが！　で、潜っていて空気がない時に初めて、〝息がしたい！　空気が欲しい！〟って思うわけよ。

つまり、何が言いたいかっていうとね、**その時の自分にないものこそがそれ**

あなたに、まだないものこそが、パワーを高めてくれるもの！
欲しいものをわくわく楽しくイメージしよう！

を欲しいと思う心につながり、それを手に入れるアクションにつながり、それを確保することにつながっているということなの。

そして、その望んでいたものに実際に出逢った時とか、いままで自分になかったものをGETした時、人は大きく感動するのよね！

だからね、覚えておいて欲しいのは、いまないものを悲観することではなく、それこそが自分のパワーを高めてくれるものだとして、前向きに取り組めばいいってことなの！」


この日、私はひとり帰路に向かう道で、えみさんと出逢ってからの感動の数々を思い出していました。

すると、それらのすべてが、私の心の中でキラキラとあたたかい希望の火を灯しているのがわかりました。

宝物ってこういうものなんだなぁ、としみじみ感じながら、私はまたさらなる夢を大きく広げていたのです！

「ツイてる！　ツイてる！」言葉が呼び込む現実がある！だから来て欲しい言葉だけを放つ！

言葉というものが、言霊というものを持っていて、それにみあった波動を放ち、それにみあった現実をつくるということは、「天国言葉と地獄言葉」の項でもお伝えしましたが、うれしい現実をもっと積極的に惹きつける言葉について、ここではお伝えしようと思います。

えみさんの会社、斎藤一人さん創設「銀座まるかん」では、誰もがみんな口にする言葉が超天国で、その徹底ぶりにはびっくりし、感心し、感動してしまいます。

みなさんご存じの「ツイてる！」という言葉は、本当にびっくりするほど効果と偉力があるので是非使ってください！

「ツイてる！　ツイてる！」と１００回言うと、すぐにその日のうちにいいことが起こっちゃいます！

簡単に起こっちゃいます！

私は何度もその恩恵をもらっちゃいました！

まるかんの仲間にもいっぱいいいこと起こってます！

さすがに「ツイてるえみさん」は1日１０００回この言葉を言っちゃうそうです！　おみごとなのです！

「言葉ってね、言ったものを連れて来るんだよ！　たとえば、街に出て、大きな声で、鈴木さ～んとか佐藤さ～んと言ってごらん。呼ばれた鈴木さんや佐藤さんがふりむいて〝私を呼びましたか？〟と言って、こっちにやって来るから(笑)！　ねっ。それとおんなじで **〝ツイてる！　ツイてる！〟って言ってると、ツイてるさんが〝なんだかこの人に呼ばれたみたい。この人のところに行かなきゃ！〟と、こっちめがけてやって来るのよ！**

本当だよ、なみちゃん、一人さんに教えてもらってからこれを実践して、私も本当にいいことがいっぱい起こって、とうとう〝ツイてるえみさん〟になっちゃったんだから！」

と、すごくハッピー笑顔のえみさん！

「だから、何もいいことがないなぁと思ってる人こそ、この言葉を言って良い運を呼び込んで、ツイてる人になればいいのよ。

ツイてるというだけで人間救われるものよ。

ツイてる人は何をやってもうまくいくようになっている！

ツイてない人は何をやってもうまくいかないもの。

だったら、同じ何かをやるんだったらツイてるほうがいいじゃない！」

はい、そりゃそうなのです。結果がいいほうがハッピーです！

「ツイてる！　ツイてる！」

ピンチの時こそビジョンを見つめる！
それこそが、そこからの
脱出と新たなチャンスの到来を呼び込むもの！

えみさんには逆境の時はなかったのかとふと思い、聞いてみました。

「私にだって逆境はいろいろあったよ、そりゃ」

と笑いながら答えるえみさん。

「実はね、高校を卒業してすぐの春（18歳の時）、ものすごい大きな交通事故をしたことがあってね、車が三回転して崖から落ちたのよ。その時は何が起こったのかもわからないまま、アッという間に崖から落ちてた。で、気がついた時、めちゃくちゃになった車の中に取り残された自分がいたの。

でもね、不思議なんだけどね、あんなに大きな事故（車が大破した）にもかかわらず、私にはかすり傷ひとつなかったのよ！　守られてたんだねぇ～。

本当にありがたいことだよね。

でね、どういうわけだか精神的にもしゃんとしててね、あわてなかったのよ。ふつうは取り乱すでしょ。だってその時の私はまだ18歳の子供だったんだから。で〝生きてる！　私、生きてるんだ！〟って、そのことがわかった瞬間、ものすごく不思議で感動でね……。

そのあと、なぜかとても冷静で、泣いたりわめいたりしてなくて、すぐに考えついたのは、

〝どうやってここから出ようか〟

ってことなのよね。

これは、何も交通事故のことに限らず、人生で起こるピンチとか逆境の時にも通じる考えだと思うから聞いて欲しいんだけどね、まず、ピンチや逆境に遭った時は、絶対取り乱したり、泣いたり、叫んだりしてもダメ。そんなことしても、何の解決にもならないのよね。

でも、まず、

〝いま自分が置かれている状況をしっかり把握する（見つめる）〟

と、必ず出口が見つかるの!!

いつまでもそこにいたんじゃダメ！

〝ここから出るための出口はどこだろう〟

と、出口（脱出方法）を探さなきゃいけないのよ。

そうやって、考えてそうしていると、必ず〝あっちだ！〟とか〝こうしたらいいんだ！〟と、見えてくるものや、つかめるものが出てくるの。

そうしたら、救われるのは早いわけ！

一気にそこから抜け出せて、違う世界へ行けて、そこからはまったく新しい世界が始まるのよ。

ピンチはチャンスだとかいう言葉があるし、なみちゃんの著書『幸せがむこうからやって来る！』の中にも書いてあったけど、私もそれは痛感した人間なのよね」

そして、そこにはもう一つ、エピソードがあると、えみさんは話をこう続けられました。

「ふつうさぁ、交通事故に遭ったなんていうと、みんな心配したり、泣いたり、悲しんだりするでしょ。でもね、私の場合は、みんなに〝えみちゃん、あんたツイてるねぇ！〟とか〝えみちゃんてなんてツイてる幸運な人なの！〟って、みんなに〝ツイてる！　ツイてる！〟ってとにかく言われ続けてたのよ。

そりゃそうよね。あんな大事故にもかかわらずかすり傷ひとつないんだから。〝不幸中の幸いだね！〟って、みんなから運の強さを言われたのね。

で、その時初めて自分自身でも〝あっ、そうなんだ、私ってツイてるんだ！〟〝私って強運なんだ！〟って、自覚したのよ。

それで、**自分で自分のことをその時から『私は超ツイてる人間なんだ！』って思って生きるようになったの。**

そして、なんだか毎日、自分でそのことを自覚して〝ツイてる！　ツイてる！〟って口癖にしてたら、なんとなんと、それから2週間もしないうちに〝一人さんとの運命の出逢い〟があったわけ!!

そう、ツイてる！　ツイてる！　って、その言葉ばかり言ってたら、日本一、いや世界一ツイてるものすごい人がこっちに来ちゃったわけよ〜！

言霊で、ツイてる一人さんを自分のところに呼んじゃったみたいな出逢い方

なのよね～。これって、すごくない⁉　そして、私の人生は、交通事故という
ピンチの後のツイてる連呼現象の直後にやって来た一人さんとの出逢いで、劇的に好転して、こうしていまの私があるのよね」
本当に不思議なエピソードです。
ここでもやっぱりピンチはチャンスだったんですよね。このお話を聞いて、
また、人生にあらたな希望の光が見えた気がします。

☆言霊パワーで超開運するヒント！☆

言葉というのは言霊というものを持っていて、一度放ったら何らかの形で現実場面にその影響が現されるようになっています。

だからこそ、良い言霊を発揮して、良い事象を受け取ることが大切なのです。

1　口にする言葉はいつも天国言葉にする！　地獄言葉は使わない！
観音様は、音を聞いて願い事を叶えると言われています。言葉は自分に言い聞かせているものはもちろん、放った相手や広がった世界にも大きな影響を与えます。だからこそ、意識して、良い言葉を言うようにしましょう

2　誰かと話す機会があるたび、人に希望の光を与えるような言葉をプレゼントするように心がける！
相手を救う言葉を言うと、自分も救われるようになっているのです

3『ツイてる！　ツイてる！』
この短くシンプルな言葉の偉力はとても大きいので、一瞬にして、心から魔法の磁石のエネルギーを放ちます。そして本当に“ツイてるいいこと”を惹きつけ始めますから、愚痴やイヤなことやマイナスなことなど地獄言葉を口走りそうになったら、すかさずこの言葉を!

4『あなたに良きことがなだれのごとく起きますように！』
銀座まるかんからブーム化したこの言葉！　他人の繁栄を祈るこの言葉は、言った本人にもなだれのごとく良いことを起こしてくれる不思議な言葉なのです！　使えば使うほど良いことが押し寄せてくるので、どんどん使ってみてください

☆わがまま気まぐれ“福の神”にしっかり愛され、しつこく忍耐強い“貧乏神”ときっぱり別れる方法☆

“福の神”は、明るく華やかきらびやかな光を放つ派手ハデが大好きな神様なのです。

だから、そういういでたちやそんなあり方をしている人はすぐ見つけて住み着いちゃうのです。居心地のいい場所にはちゃっかり素早く住み着いちゃうのです。

ところが“福の神”は、とてもわがまま気まぐれ! ちょっとでも自分がくっついた人が、不平不満を溜め込んだり、マイナスな言葉を言ったり、ぐじぐじ文句タラタラな人間になって、くすんで、どんより光がなくなり、暗～くなってくると、

「な～に、このジメジメ! もう～ イヤになっちゃう! こんなところにいられやしないわ。他のところへ行こう!」

と、そそくさと出て行ってしまうのです。


反対に“貧乏神”は暗くてどんより沈んだ光のない影だらけのジメジメが大好き。

だから、そんな人を見つけるととてもうれしくて、長いつきあいをしようと思うのです。

しかも、しつこくて忍耐強いので、住み着いた場所や人が、ちょっとやそっと変化の兆しを見せても“やっと見つけた長いつきあいを決めた奴から離れるのは忍びない”と、ちょっとくらい居心地悪くても、しつこくしつこく忍耐強くい続けるのです。


だから“貧乏神”ときっぱり別れて“福の神”にしっかり愛されようと思ったら、徹底的に次のようにして“福の神”に愛されるようにしないといけないのです。


自分自身が“福の神”に愛され、福の神にとって居心地のいい御社《おやしろ》になれさえすれば、ずっと守ってもらえるのです。

福の神に好かれる人＝世間に好かれる人ともなっているものなのです。

☆福の神に愛される、キラキラ華やか
セレビアンレディになる方法☆

1　いつもキラキラ華やかに　⇒　姿から光を放つことがポイント!

とにかく何でもいいから光るもの、アクセサリーを身につける。また、お洋服は土色や雑草色や灰色などのくすんだものではなく、明るく華やかなお花色（ピンクやオレンジやホワイトなど）を着る。すると魅力的に映り、女性運がアップする!

2　お顔は艶やかピカピカに　⇒　顔から光を放つことがポイント!

福の神に好かれる“福相”でいることが成功運・金運を呼び込む! つまり、お肌がしっかり潤いつやつや肌で、綺麗にメイクされたお顔は、豊かさを如実に現すもの。これとは逆の、乾燥してガサガサの艶のないくすんだ肌、どんより曇った顔は、運の寄って来ない貧相。

3　明るい笑顔と素直な心　⇒
心から光を放つことがポイント!

明るい笑顔というだけで、人をなごませ、周囲を明るく照らすもの。こういう人は誰からも好かれるので、自然に良い人の輪の中に入れてもらえ、チャンスにも恵まれていくもの。

4　天国言葉（言葉がまえむき）　⇒
言葉から光を放つことがポイント!

人の気持ちを救うような言葉や人の心に希望の光を灯すような言葉で話す人は、誰からも好かれ、神様から愛される。

Chapter 3
すべては必然！宇宙のしくみに素直に沿う！

先が見えない不安な時は、とにかく目のまえのことを精一杯やる！

人生の中では、誰もが一度くらいは「どうしたらいいのかわからない」という不安な状況の中に身を置くことがありますよね。

夢があってそれに向かって一生懸命生きている、でもそれが報われるのかどうかわからない……。

そんな途方にくれる人たちのために、えみさんはためになるお話をくださいました。

「先が見えない時はね、とにかくいまいる環境の中で、いま自分にできる目のまえにあることを一生懸命やる！ それがいちばんなのよ！

先が見えないと誰だって不安になるよね。でも、見えないからってそこに立ち止まったままでいたら、目のまえの景色は何も変わらないのよ。

つまり、そこから動かないからよけい不安になるの。

だから、まず、**どんな小さなことでもいいから、目のまえにあることを一つひとつやっていく。するとその段階段階で見えてくるものが必ずあるから。そうやって見えてきたことを一つひとつ解決していくだけで、自分が心の中で見ていた〝理想の場所〟にたどり着けるようになっているのよ」**

つまり、こういうことだそうです。

たとえば、目のまえに傾斜のきつい高く長く伸びた１０００段もある階段がバーンと現れたとします。すると、いままで懸命に歩いてきたけれど、自分の視野を遮るそんなものが目のまえに現れたのでは〝先が見えない〟わけですよね。それで、とても不安になる。

でも、その階段をとにかく10段でも昇ると、その階段の下にいた時とは違う10段目の景色が見える。

次にがんばって１００段昇ったとすると、今度は10段の時には見えなかったけれど、そこまで来たからこそ見えた景色があるのです。

そして、２００段、３００段と昇っていくと、それまでとは違う景色がもっともっと見えるようになっていて、１０００段昇った時には、すべてが見える最終地点（ゴール）に到達できるというわけなのです。

だからこそ、**先が見えない不安な時は、自分が目指す場所、行きたい方向、たどり着きたい地点、夢のゴールというビジョンを思い描きながら、目のまえのものを一つずつクリアしていくことが大切であり、それが、確かな成功をものにするいちばんの術なのです。**

そして、えみさんは、

「ひとっとびに成功しようと思うからしんどくなるし、不安になるし、先が見えなくなるのよ。

成功するって、何かを成し遂げるって、そんなことじゃなく、もっと単純なことなのよね。その単純なこと、つまりいま話したような〝**いま目のまえにあることを一つひとつかたづけていく〟ということをしているだけで、確実に誰もが成功者になれるのよ。**

人生に無駄なものは何もないの。みんな必要だからそこにあるの。だから、素直にそのことに取り組んでみて欲しいのね」

先が見えない不安な時は、まず目のまえのものを一つずつかたづけていく！
すると次のステップが見える！

すべてを出しきった時に成功は来る！

〝すべてを出しきった時に成功は来る！〟

これは、えみさんの会社「銀座まるかん」創設者の斎藤一人さんも何度もおっしゃっていることです。

「成功したいと思ったら自分を出しきらなきゃダメなのよ。自分のやることや手がけることに力（パワーや努力や才能）を出しきらなきゃダメ。すべてを出しきった時だけ成功するようになっているのよ！」

これは、私も同感で、自分のやっていることが、うまくいったり、中途半端な結果を出したりした時に、しみじみ教えられることでもあります。

だからこそ、自分自身がベストをつくすことをモットーにもしているのですが、最高の結果を得るには、最大限に自分の力を出しきらなければ成功しないものなのです。

たとえば、この程度でいいかと思ってやったことは、やはりその程度の結果かそれ以下の結果しかくれないものですし、もうこれ以上の自分はないというくらい力や努力や才能を出しきった時は、とても良い成果や思った以上の成功がもたらされたりするということを経験として味わっています。

これは、エネルギーワークの法則でもあたりまえのことで、放ったものと同質のものしか自分に返ってこないようになっているからです。

そして、そんなエネルギーの世界での話を横においてお話しさせていただいたとしてもわかることですが、人はなまぬるいことをしていても、誰もその人のために熱くなってはくれないのです。

たとえば、何かの夢にかけていて、どうしても誰かや何かにアプローチすることが必要な場面にあった時、情熱的に取り組んでいる人、熱さを感じる人に人は心打たれ、感動し、その人のために何かしてあげたい、助けてあげたいと思うものです。

やる気のなさそうな、どこか中途半端ななまぬるい姿勢の人には熱さを感じないのです。こちらが冷めてしまうのです。

夢を叶えたり、大きな何かを成し遂げたり、成功して飛躍するためには、ほかの人のサポートが必要不可欠です。人を大きく巻き込めるパワーを秘めた人が、他人をも状況をも運命をも突き動かせるものなのです。

すべてが自分に返ってくるのだからこそ、〝すべてを出しきる！〟生き方をしたいものです。

そして、えみさんは〝すべてを出しきる〟ということをこんなふうに教えてくれました。

「すべてを出しきるっていうのは、必死でやれっていうことではなくて、その時の自分にできることをとにかくやるっていうだけのことなのよね。

たとえば、先に成功している人を見てあせったり、他人がしていることを気にしたりしていると、落ち込んだり、ねたんだり、貧しい気持ちが出たり、批判したくなったりするものなのよね。

でも、そうじゃないの。そうなるのではなくて、**自分が自分のやるべきことだけに賭けていたら、そんな他人がどうこうということに関係なく自分の持っている力が最大限に出せるわけなのよ。自分ががんばっている時って、自分に自信が持てるから、いい仕事ができるわけよね。**

だいたい人って、自分ががんばってない時に限って、がんばっている人を批判したがるものなのね、あせるから……。

自分が自分のやることに懸命に賭けている時っていうのは、誰も気にならないし、誰も批判しないし、ちゃんと結果を出せていくものなのよ」

そして、えみさんの次の言葉にみなさんもホッとされることだろうと思います。

「成功するのに、誰かを蹴落としたり、誰かを引きずりおろしたり。足をひっぱったりする必要なんて、どこにもないのよ。

誰と戦わなくても、誰と比べなくても、誰を批判しなくてもいいの。自分の成功は自分の力を出しきることで成り立つことだから！　そして、**自分が持っている力を最大限に良い形で出しきることのコツは、〝楽しんでそれをやる！〟っていうことなのよね」**

楽しみながらやっちゃってしまう人には勝てません。

楽しみながら力を出しきって、幸せな成功者になるのがいちばんなのです。

目のまえにある扉をただ次々と順に開けていく！
すると奥の間にある
「勝者の黄金の椅子」に座れる！

成功の秘訣として、まえの2つの章をまとめるように、えみさんは、こうおっしゃいました。

「そうやって**目のまえにあることを一つひとつ一生懸命やっていって、階段を一段一段昇って、自分に与えられた課題をクリアしていくと、どうなるかっていうと、その時から〝成功の扉〟が開き始めるの！**

その成功の扉は、一度開くととても簡単にまえに進んでいけるようになるのね。たとえば、特別な努力をしなくても、逢う必要のある人に絶妙なタイミングで出逢い、チャンスが訪れ、何をやっても良い方向へ良い方向へと運ばれていくのよ！

本当にただただ、自分の目のまえに現れた扉をわくわくした気持ちで一つひとつ開けていくだけで、さらに高い世界へと入っていけるようになっているのよ！

そうやってどんどん開けていくと、**ついには〝勝者〟だけが座ることができる〝黄金の椅子〟にたどり着けるようになっているの！**

躊躇《ちゅうちょ》したり、硬い頭でどうしようどうしようと悩む必要なんかないのよ。

自分がそっちの方向で成功したい、そっちに夢があるという方向を目指して進んでいっている道に現れる扉を、素直に順番に開けていけばいいの。

だって成功するようになっているのよ、成功を望んでいる人には。

それをわからない人が多くて、成功する方法というのを何か勘違いしている人が多いのよね。イメージして、自分が決めたのなら、後はやる！

それだけでうまくいくことばかりなのよ」

このお話をお聞きしてから、私はずいぶん気が楽になりました。

なぜなら、もっともっと大きく成功したい、飛躍したいと思っていたので、そのためには何か特別な方法や、私がまだ知らないことを体得してやらなければならないのではないかと、悶々としていたからです。

けれども、いままで私が知らず知らずにやってきていた〝イメージして、決めたら、動く！〟というそのやり方がまちがいなく成功へとつながっていたわけです。

いま、現状に苦しんでいる人は、まず目のまえにある扉に手を！

事態はきっと好転しますよ！

億万長者へと大飛躍する「ジェット気流の法則」!

「一度成功の扉を開けてしまったら、そこではすべてが幸運の流れの中で、どんどん加速して大きく飛躍していくのよ!」

と、これまた気になることをおっしゃるえみさん。

それってどういうこと!? ということで、続きを。

「ほら、風船を思い出して欲しいの。

風船ってさ、手を離すと、風にヒュルルル〜ッて勝手にふわふわって舞い上がっていって、見てたら、〝あんなに高くまで!?〟と、びっくりするくらいどんどん空の果てまで高く高く飛んでいっちゃうでしょ。

あれはね、風船が気流に巻き込まれているからなのよ。

その時の風船に意思はないのね。

気流の力があるから風船があれよあれよという間に自然に高い場所まで連れていかれちゃうわけ！

それを**『ジェット気流の法則』**って呼んでいるんだけどね、**自分が成功する時に吹いてくる風や巻き起こる気流があって、その時はもう自分が必死にならなくても、どこまでも高い場所まで、運んでもらえるっていう法則なの！**

それが来たらこっちのものよ！

何もしなくても、自動的に大成功し、億万長者になっていくのよ！

その気流は、扉を開けた世界の中で吹いている気流だから、そこまで来たらもう安心。やることなすこと勝手にうまくいってしまうから！

それもまた宇宙の法則なのよね」

この素敵な奇跡とも思える現象は、誰にでも起こりうることだとえみさんはおっしゃっておられました。

とにかく成功の道は、シンプルなあたりまえのことを一つずつクリアしていくだけ。あと一点、それを人よりちょっと勢いつけて、早い展開にしてことを運ぶことがコツ！

自分が成功する時に吹いてくる気流がどこまでも高い場所まで連れて行ってくれる！

お金に困りたくないなら、お金に困らない考え方をすればいい！

えみさんは、いったいいつ頃から億万長者になりたいと思っていまのようになったのかを聞いてみると、なんと、

「そんなこと一度も思ったことないよ」

と言うではありませんか。

私はてっきり、計画的にお金について考えていたものだと思っていたので、意外な答えに驚いてしまいました。

「私は、億万長者になりたいって思ったこともないし、それを目指したこともないんだけど……昔からお金には困らなかったのよね。だからって別に大金持ちの家に生まれたわけでもないし、本当にふつうの北海道の田舎で生まれ育ったのよね。

でもね、なんでお金に困ったことがないかって考えてみるとね、私がお金に

困らないようにしていたからなのかもしれない。

よく、お金に困ってるっていう人の話を聞くとね、なんだか電気は止められちゃうわ、家賃は滞納するわ、食べるものもないわっていうじゃない、あれって考えられないのよね。

なんで、そうなる生活をしてるのかって思っちゃう。

たとえば私は、お金が必要になるなぁと思ったら、そのお金をつくることを考えるのよね。

そうやって、お金を必要に応じてずっとつくっていけば、なくなるなんてことはないのにね。

で、なんでもやる時はしっかりやる!

たとえばたった1週間で事業を立ち上げるって決めたら、精一杯手配したり働きかけたりするの。

すると、必要な情報や必要な人物が集まってきて、オープンするための資金繰りがついたり、スタッフが集まったり、店舗が確保できたり、いきなり大きな広告枠が空いてタイミングよく打てたりと、全部そろっちゃうのよ。

そうして、一気に集中して、1週間でたった3人のスタッフで2400万円という売り上げをつくったこともあったの。

それってすごいってみんな言うんだけど、**曇りのない心で、覚悟を決めて、一心不乱にやっていると、どこからともなく必要としているものが自分のもとに集まってきちゃうのよね。**

必ず助けてもらえるし、うまくいくようになっているの。

私は何でも一生懸命やるの、ただそれだけなのよ」

気がついたら、勝手に億万長者になっていた！

「みんながなかなかうまくいかないのは、どうしようどうしようって怖がったり、迷ったりして、道が決まらないからよ。

お金儲けでも何でもそうなんだけど、うまくいかせるコツはね、**いまその瞬間に目のまえにあることに一生懸命になり、いまその瞬間に出逢った目のまえの人を大切にするっていうことだけなのよ。**

なぜかっていうと、お金は人が運んでくるものだから……。

円は縁なのよ！

だから人でも出来事でもその縁を活かしきると、必ず大きな結果につながってくるものなの。

そうやって、いろんなことをしている中で、一人さんやまるかんと出逢っていまの自分になっていて、気がついたら勝手に億万長者になっていたのよ」

そうやって、すぐ目のまえで、私がいまいちばん興味がある〝女が幸せな億万長者になる方法〟をあれこれ教えてくれるえみさんは、本当にとても自然体でムリがないのです。

自分より年上の人にこんなことを言うのは失礼かもしれませんが、えみさんはとてもチャーミングで可愛くて、素直な人なのです。

心はおおらかでただあたたかく優しい……。

そういうえみさんを見ていると、人間って、内側にあるものが外側をつくるという宇宙のしくみを思い出して、〝やっぱり内側が豊かな人は必然的に外側も豊かになっているんだなぁ〟としみじみ感じるのです。

だからこそ、「お金のつくり方を知りたかったり、身につけたいのなら、まずは自分のあり方からだよ」と言われることが納得できるのです。

その課程なくして、成功も巨万の富もないのですよね。

逆に、それが体得できていさえすれば、あとは自然に豊かに富を受け取れる生活になれるのだとも教えられました。

☆億万長者に好かれる人がしている「億万長者のよろこぶこと」☆

億万長者に好かれる人とはどういう人なのか、億万長者に聞いてみました。すると、こんなにもシンプルな答えが！
けれども、それこそが相手を受け入れるか受け入れないかの基準となっている、最も大切な外せないポイントだと言うのです！

億万長者に好かれる人がしている、億万長者のよろこぶこと

1　素直に話を聞く
2　よろこぶようなことを言う
3　褒める
4　自己重要感を与える

人は自分の存在価値を求めながら一生懸命生きているようなところがあって、それは億万長者とて同じらしい。
人は、男だとか女だとか、年齢などに関係なく、
“自分を受け入れてくれる人”
“自分を認めてくれる人”
“自分を高めてくれる人”
“自分の価値を感じさせてくれる人”
ということに究極の幸せを感じるものなのです。

人は自分に幸せや精神的豊かさを与えてくれた人のことは、無条件に愛してしまえるものでもあるのですよね。

☆“人を見抜く目”を持つ人になる！☆

人を見抜く目を持っている人は、眼力《がんりき》を持っているものです。
眼力は、一生懸命自分を生き抜いた人にしかつきません。
自分がすべきことを懸命にこなしてきた人というのは、自分に誇りを持てるものなのです。
確かに生きた証《あかし》が自分に自信をつけてくれるのです。

人の自信は必ず『目』に出るものです。
よろこびも悲しみも辛さも痛みも、すべてを必然と受け止め、自分の生きる道を自分の足で歩いてきた人は自分自身にも人生にも、また、懸命に生きる人の姿の中にも、
自信と輝きを自然と見出せるようになっているのです。

“目は心の窓”という言葉もあります。
心の高まりや磨かれた魂は、
必ずその人の顔の中で魅力的な目をつくっています。

キラキラ輝く瞳は光を取り入れ生きてきた証です。
そして、
その目でまた、新たな光をキャッチすることができるのです。

だから、目の前にいる誰かが
まだ発展途上の小さな名もない人物であったとしても、
人を見抜く目のある人は、ちゃんとわかるようになっているのです。

自信は揺るがぬ思いをつくってくれます。
揺るがぬ人は揺るがぬ思いで
自分のミッションを生きようとしているすべての人を
瞬時に判断できるのです。

“人を見抜く目”を持つ人になろうと思うなら、
まずは自分を活かして生ききることです。

☆魂の時代が来るからこそ、みんな魂のレベルアップをはかっている！☆

《この時代を生きていくうえで大切なポイント》

A　自分に起こる現象はすべて意味がある
それらはすべて“気づき”のためにやってくる。

それをクリアすることで、魂レベルが一つステップアップする。

不本意なことや納得いかないことや困難に思えることに出会った時は“なぜいまこのことが起こっているのだろう?”“私は何を学ぼうとしているのだろう?”と、気づくように考えてみる。すると、見えてくるものがあって、見えた時、越えられるようになっていて、次のステップに進んでいける（成長する）。

B　この道を行こう！　と、決めて人生を進んでいても、目のまえにはその時々でいろんな出来事がやって来る
その時は“選択するのは自分だ”と、知り、その先をどう進むべきか選択できるようになっている。何も心配しなくても、思い通りの人生をつくれることになっているのです。

C　不幸の原因は“他人と比べる”ことにある
他人と自分を比べると、相手にあって自分にないものを探し始め、自分にある尊いものが見えなくなってしまいます。見えなくなるから暗くなるのです。誰と比べる必要もありません。

“あなたがあなたらしく生きる”それこそが幸せに最も近い生き方です。

D　いつの時代も幸せな人には勝てない
幸せな人がいちばんすごいのです。だから、幸せにならなければならないのです。

幸せな人は豊かさを幸せをわかちあえます。

天使にも神様にもとても近い存在なのです。

人に光を与えられる人だからです。

E　ゆとりがあると人をいたわれる
豊かさが求められているいま、ゆとりはとても大切なのです。

Chapter 4

顔晴《がんば》る人には必ず報いてくれる天の愛を知る！

すべては必然！
魂を磨いてくれる尊いもの

人間が生きていて遭遇する出来事は、本当にすべてがその人のその時、その場面において、必然のことなのだということが、いいことも悪いことも乗り越え、成功の舞台に上がった時にはっきりわかるものです。

私がここまで歩いてきた道のりの苦労話を〝いまだからこそ言えることなのですが〟と、チラリともらした時、えみさんがこんなふうな言葉をかけてくださいました。

「なみちゃん、**辛いことも乗り越えているとね、神様が根負けするのよ。この人には勝てないって思ったら、神様はあとはその人にいいことだけを与えるしかなくなるのよ**」

「えっ!? 神様が根負け？」

「そうよ、**辛いことが起こっても逃げ出さずにただ一生懸命それに向かってがんばって進んでいくとね、神様がその辛いことを乗り越えたことに対するごほうびを、いっぱいいっぱい授けてくださるの。**

その人が自分の道（ミッション）を進む時、神も鬼さえもすべてがその人に降参してね、その人に頭が下がる思いをしてね、その人を尊び、その人が通りやすいように道を空けてくれるのよ。

そうやって神も仏も鬼も運も天もが、その人がまえに進みやすいように万全のサポートをしてくれるというわけ」

「うわ～、だから、スイスイコロコロ円滑現象が起こって、すべてのこと、やることなすことがうまくいっちゃうんですね、ピンチを乗り越えたあとって！」

「そうよ。だからね、何も嘆くことはないし、困ったことは起こらないのね。ただ自分の目のまえに来たことに立ち向かっていくだけで、すべては良くなるようになっているの！

辛いことやイヤなことがあった時、人って〝なんで私だけこんな目に遭うんだろう〟って泣いたりさわいだりするけど、辛いことやイヤなことが結局は自分を助けてくれるものにもなるのよ。
決してそれは人生において悪いことじゃないのよね」

この話で私はまた涙がポロポロこぼれてきました。
それは悲しみの涙ではなく、魂のよろこびの涙。
いま夢を叶えてここにいる私にも辛いことがいっぱいあったけど、あの時のすべてがいまの自分をつくってくれているんだなぁということに対する思いと、道をあけサポートをしてくださった、神や鬼やすべてに対する感謝の気持ちで胸がいっぱいになったのです。

「辛いことやイヤなことは魂が修行しているのよ。その課題をクリアしたら、ちゃんとごほうびが待っているから、何も心配いらないの」

私の涙する顔を優しい微笑みで包み込んでくださったえみさんが、またまた観音様に見えました。ありがとうございます。感謝します。

人に好かれると、チャンスに好かれ、神様に好かれ人生が好転する！そんな、好かれる決め手〝人間の器〟のつくり方

人の器が大きいとか小さいとか表現することがあります。この器の大きさとは何なのかをえみさんはまた教えてくれました。

「器の大きさってね、その人がどれだけたくさんのものを受ける（受け入れる・受け取る）能力があるかってことなのよ。

たとえば、なみちゃんは、うんうんってうなずいて、私の話でも他の人の話でもなんでもいっぱい自分の中に受け入れようとするキャパを持っているでしょ。

先入観とか固い頭じゃなく、素直に人の話も〝聞きたい！〟っていう姿勢を持っているし、いいことはいいことで〝私も真似たい！〟〝自分に取り入れたい！〟っていう姿勢があるでしょ。それなのよ！　それ！

たとえば**すごくいいものを私が持っていても、相手にそれを受ける器がないと、こっちはあげられないのよ。**

ここにこんなに素敵なキラキラ光る金の砂がありますよ、それをあなたにあげますよって言っても、ある人は小さなお茶碗しか持っていなくって、別の人は大きなどんぶりとかボールを持っていたら、大きい器を持っている人のところにどっさりあげられるでしょ。

あげたい人はあげたいと思ってるから差し出すのよね。

だから、大きく受け取れば大きく成長しないの。損するのよ。

この人は欲しくないんだなって思われちゃうの。

ましてや神様は、がんばる人にはいくらでもいいものをあげたいという思いでいるから、**受け取る器を大きくしている人が幸運もたくさん受け取れるのよ。**

これは、無理やりよこせ！　っていう欲張りなことではないの。

あげたいと思っている人から素直に好意的に受け取らせていただけるものだから、受け取ってもらったほうもうれしいのよ。

感謝して受け取ることをするだけで、
もっともっといっぱい入ってくる！

そして、自分がいっぱい受け取って、もういっぱいいっぱいになったっていうのなら、今度は自分がほかの誰かに与える人になればいいだけのこと。

そうやって私もいろんないいものを多くの人にもらってきたから、こうして今度はなみちゃんにもほかの人にもあげられるようになったのね。

それでいいのよ！　世の中は循環しているものだからね！」


こんなふうに話すえみさんの目は、とてもとても穏やかで優しくて、まるで大黒様のようです。


本当に感謝、感謝です。

いっぱい受け取らせていただいてありがとうございます。

鶴の恩返し、いやなみちゃんの恩返しは必ずやってきます。

お金のことを考えずにやったことの成果が、大金となる！

何かをやる時に、まず〝それをやったらいったいいくらお金が入るのか〟とか、〝その程度のお金にしかならないならやらない〟という人がいますが、えみさんは、そんなことこそ〝お金にならない典型的な考え方〟だとおっしゃるのです。

「よくね、何かやろうとする時に、お金のことばっかり言って取りかかろうとしたり、働き具合を考えたりしようとする人がいるでしょ。

そういうやり方がいちばんお金にならないのよ。

お金っていうのは、人が運んできてくれたり、やったことに対して天がその報酬をくれるものなのね。

それをまだ何もやらないうちから、お金のことを言ってたんじゃ考えが逆なの。

お金を儲けられる人っていうのは、みんな〝お金のこと〟ではなく、〝自分はいったい何を提供できるのか〟〝どのくらい尽力できるだろうか〟って、自分が相手に対してまずできることをいっぱい考えようとするものなのよ。

それで、自分が与えられたチャンスや出来事や仕事に一生懸命自分を出しきることを考えて動くものなのね。

その姿勢がなきゃお金は絶対に入ってこないし、手元に残らないものなの」

そういえば、私も、私の知っている儲けているクリエーターたちも、みんな仕事を依頼された時には、お金の話を一切していないのです。

〝どうやったらいい作品ができるか〟

〝どうやったら多くの人のところにいちばん良いかたちで届くか〟

〝どうやったらかかわるすべての人に繁栄と幸せがもたらされるのか〟

と、そんなことを一生懸命真剣に考えてやっている人たちばかりなのです。

そうやって、一つのことに全力投球してくれる人に、クライアントは心を打たれ、感動し、豊かな報酬を支払うことを考え、またあらたな仕事やチャンスをその人のところに持ってくるのです。

また、そういう人に厚い信頼や敬意を払い、誰かすごい人物を紹介してくれたりもして、次々と新しく素晴らしいご縁が広がり、いろんな面で豊かに繁栄していくんですよ。

大切なのは、まず**自分ができることに一生懸命に尽力するということ！**

それなのに、自分ができることを棚にあげておいて、計算ばかりしているから、人生が計算ミスを起こすのでしょうね……。

クオリティの高い仕事をしていれば、クオリティの高い報酬がやって来るのはあたりまえのことだったのです。

それで、そのクオリティの高さはどこから来るのかについて大切なことを、えみさんはこうおっしゃっていました。

「何をやったら相手がよろこんでくれるのか、そのことを頭と心にちゃんと持っている人のところに、大きな仕事も大金も入って来るようになっているものなのね。

なぜって、人っていうのは、よろこびを与えてもらって自分がとてもうれしかったら感動するものなの。そういう感動に会いたくてまた、その人のところにみんなが集まって来るようになるのね。**感動のあるいい仕事をする人が、大金を手にできるようになっているものなの！**

そして、その感動の仕事をしているってどんな人かというとね、〝**仕事を楽しんでやっている人**〟なの！

〝楽しい！　楽しい！〟って自分がよろこんで仕事をして、相手にもよろこびを与える人には、誰も勝てないのよ」

その感動のくりかえしが、巨万の富を築く素となっていたのです！

不思議なこの言葉を放つと、幸せな奇跡が倍加してなだれ込む！「あなたにすべての良きことがなだれのごとく起きますように！」

「私は一人さんに教えてもらったことは、素直にすぐやるのね。すると本当にちゃんと結果が出るから！」

と、えみさんの話がまた楽しげになってきました。

「それでね、一人さんのすごいところはね、簡単で、その日からすぐにできて効果がある方法ばかり教えてくれるところなの！」

まずいいことがいまよりもっと欲しいなら、この言葉を唱えてごらんと、教えてくださったのがこの言葉。

『あなたにすべての良きことがなだれのごとく起きますように！』

この言葉は、ご存じの方はもうたくさんいらっしゃることと思います。

なぜなら、一人さんやえみさんの著書の中でも何度も書かれているもので、銀座まるかんや代理店の人たちの間でも〝ツイてる！〟と同様、愛用され、広がっている言葉だからです。

で、この言葉はよく考えてみると、他人のために放つ言葉のようでしょう？

だけど不思議不思議、**他人の繁栄を思って放つ言葉なのに、自分のところにもなだれのごとく良きことが起こっちゃうというのですから！**

「なみちゃんも今日からこの言葉を言ってごらん！　びっくりするようなことやいいことが、なんだかなだれのごとく〝これでもか！〟っていうぐらい来ちゃうんだから！」

と、ニコニコ言うえみさん。その表情があまりにも愉快で楽しそうだったので、私はふむふむとニンマリ顔に。

「本当にすごいよ！　なぜって、この言葉はね、**〝他人の幸せを願う〟**ってい

う、その人の〝心の豊かさ〟につながる言葉だからなのよ。

他人のことを思いやりながら、自分の心も豊かになっていくの。そうやって、豊かなものを内面に持ったり、外に放ったりしていると、放ったもの（与えたもの）が自分のもとに返ってくるようになっているの。

だから、自然の法則として、言葉通りのことが起きちゃうのよね～」

「これを知ってても、言わなきゃ何も起こらないよ！　言うことで初めて言霊《ことだま》のパワーが効いて、いいことをなだれのごとく起こすようになるからね」

そして続けて、

「何でもそうなんだけどね、いいことを知ってても、

〝あぁ、それね、知ってる知ってる〟

とか、

〝そんなことでいいことあるのかね!?〟

なんて、やりもしないでぶつぶつ言う人がいるんだけど、そうじゃないのね。

言わないから何も起こらないのよね、どんないい言葉も」

言葉の習慣で、その人がつくられ、その人の現実がつくられていくというように影響を広げているのだとしたら、やはり良い言葉で良い自分をつくり、良い現実を味わいたいものですよね。

正しいつまらない道より、楽しくハッピーな道を選ぶ！　それこそが〝幸せにつながるキラキラの道！〟

道に迷ったら、こうして先に進むのがいいよと、えみさんが教えてくださった判断材料があります。それは**〝正しいほうより楽しいほう〟を選ぶことです。**

「これはね、いつも一人さんが言っていることなんだけどね、何か道に迷うことがあったり、人生で進むべき方向がわからなくなってしまったりするような〝分岐点〟に立った時、この先どう生きていけばいいのかわからないと思った時に、判断する材料にして欲しいことなんだけどね。

〝正しいつまらない道〟より、〝正しくはないかもしれないけど楽しい道〟を選ぶってことをしてみて欲しいのね。それこそが、キラキラ輝く幸せにつながる道なんだってことなのよ」

人間は、何が正しいか何がまちがいか、ガチガチの考え方をするところがあって、そんなことで物事を判断したり選んだりして自ら苦しんでいることがあるものです。硬い頭で選択肢のない生き方を選んでは、心を殺しているような生き方をしている人もたくさんいるものです。

そして、他人が幸せそうに見えて、自分が楽しい気持ちを味わうことを忘れていたりもするのです。もしかしたら、それこそがある意味本当の不幸なのかもしれませんね。

えみさんは、そのことをこんなふうにおっしゃっています。

「たとえばそれが〝正しい〟ということで、選んでいても、正しいかもしれないけどつまらないことだとするならば、幸せじゃないいんだよね〜。義務や強制からは幸せを実感できないのよ。

だって、つまらないほうを選んだ人って、つまらない顔していて、つまらないこと考えて、つまらないこと言ってるものなのよね。そんなつまらない人生を生きたいですか？　そんなつまらない人生が幸せですか？　って言ったら、幸せじゃないのよね。

でも、**自分が〝楽しい〟っていうほうを選んだ人って、楽しい顔して、楽し**

いこと考えて、楽しいこと言って、すごくやっぱり楽しいんだよ、実際！

人生って、いろんなこととの選択の連続でできていくものでしょ。誰とつきあうのか、どんな仕事に就くのか、何を着て何を食べようか、どんなものを持とうか……ねっ。選択なんだから、**素直に自分が楽しいと感じるほうを選んで生きていけば、難しい成功法則も幸福論もいらないのよ」**

たしかに、楽しそうにしている人は幸せそうで、そばにいても楽しさがこっちにまでこぼれてくるものですし、楽しいことをしている人って多くの人を巻き込む魅力を持ってもいるものです。

本当は人間は誰もみんな、幸せで楽しく生きたいからこそ、楽しいことを楽しくやっちゃっている人のそばに寄っていくんですよね。

そうやって、うまく自分が楽しいと感じる道に賭けている人に、人やチャンスや成功が寄って来るんですよね。

つまらない人といても、つまらないって、みんなわかっていたりするんですよね。

そして、えみさんがくれた、なるほどと感じたエピソードは、

「私は一人さんと出逢って、もう30年近くなるんだけどね。なんで一人さんに惹かれ、こんなに長く一緒にいたのかなぁと考えてみるとね、一人さんはいつもいつも楽しそうだったのよ！

昔から〝楽しい！　楽しい！〟って言ってて、本当に楽しそうな顔して、いつも楽しいこと教えてくれて、やっぱり一緒にいて、とても楽しかったのね。だからずっと一緒にいたのよ。

で、仕事でも遊びでも何でもいいんだけど、そうやっていつでも〝楽しい〟って言っている人を見てるとね。〝この人についていったら何か楽しいことが自分にもあるんじゃないか！〟って思うものなのよ。

そうやって人を惹きつける人っていうのが、結局すごい魅力ある人なのよね」

魅力ある人は、魅力ある生き方をしていて、魅力を多くの人にふりまいていて、多くの人に良い影響を与えていて、まわりの人も魅力ある人に変えてしまう力を持っているんですね。

楽しいを選べる素直な人は、いつもキラキラ輝いて見えます。

楽しいほうを選べば、キラキラ輝く幸せにつながる！

☆「正しい道より、楽しい道を選びなさい」それがえみさんの言う、斎藤一人さんの生き方の基本☆

正しい道を選ぶより、楽しい道を選びなさい。
正しくても、つまらない道を歩いていると、
つまらない顔、
つまらない考え・つまらないアイデア、
つまらない言葉、
つまらない行動しかできなくなるのです。

でも、
正しくはないかもしれないけど、楽しい道を歩いていると、
楽しい顔、
楽しい考え・楽しいアイデア、
楽しい言葉、
楽しい行動ができるようになるのです。

もしも道に迷った時は、
楽しいほうを選びなさい。
楽しい道、そちらこそが、
あなたにとっての幸せの道なのだから……。

成功したから楽しいんじゃないですよ 楽しいから成功したんですよ

これは、私の大好きな一人さんの言葉です。

☆人が幸せにならなければいけない理由☆

えみさんの会社「銀座まるかん」創設者の日本一の億万長者・斎藤一人さんがいつもいつもみんなに言っている大切なお話で、えみさんも私も大好きなお話がこれです。
“人は幸せにならなければいけない理由があるのです”というこの内容、あなたもまた誰かに伝えていって欲しいのです。

人は自分が幸せでないと、他人《ひと》を悲しませたり、傷つけたり、いやなことを言ったりしたり、いじめるようになっているものです。
人は誰もがそういう種を心に持っているからなのです。
そういう悪い種をまかないようにするためにも、人はまず自分が幸せにならなければならないのです。

人は自分が幸せになると、人に優しく豊かにふるまえるのです。
幸せを他人にわかちあうこともできるのです。
人は幸せな時には、心の中に大きな愛がいっぱいあって、輝く光がいっぱいあるので、決して、他人を悲しませたり、傷つけたり、いやなことを言ったりしないものなのです。
幸せな時は、人は悪くはなれないようになつているのです。

あなたひとりが幸せになると、まわりのみんなも幸せになって、幸せな人がどんどん増えていくようになっているのです。

多くの幸せな人をつくるために、まずはあなたが幸せにならなければならないのです。

だから、まず、自分からまず幸せになりましょう。

人間は揺れ動く生きものです。心の持ち方一つで天使にも悪魔にもなってしまうものなのです。私たち人間は、鬼や蛇ではなく、人として生まれてきたからこそ、天使になる努力を、幸せになる努力をする必要があるのです。

☆幸せな人になるとすべての人を救える☆

人は幸せにならなければならないのです。
不幸な人は人をいじめてしまうからです。

いじめは弱いものへ弱いほうへと向けられていきます。
男なら女に
女なら子供にと
弱いほうへ攻撃されてしまうのです。

そうなると、弱い存在の人たちは生きていけなくなってしまいます。

人間は幸せになるために生まれてきたのです。
自由に使えるものをいっぱい宇宙から授けられながら、
こうしてここに生かされているのです。

宇宙は私たちを限りなく愛してくれています。
海にも川にも水があり、
森には木々が、
空には光があるのです。

そして、人間には『心』が与えられたのです。
楽しいことや幸せなことやうれしいことを
何でも感じられる心がこうして与えられているのです。
それらのすべてを、
幸せになるために使わなければならないのです。

誰も不幸であってはいけないのです。
もう誰かのことで苦しまなくてもいいのです。
まずは自分が幸せになってください。
そうすれば多くの人を幸せに導けますから……。

☆超スーパーセレブ 億万長者えみさんの幸運のおすそわけ☆

今日から真似よう!「エミラーになれる7つのポイント」

1 顔と心とファッションと人生を光らせて生きる！

艶子《つやこ》（顔を光らせ、言葉を光らせ、オーラを出す!）でいる！

2 笑顔・素直・感謝がモットー！

3 自分は超強運なんだと自覚する！

「ツイてる!」ことを信じ歓迎している！

4 楽しいほうを選んで生きる！

人生のあらゆる面での選択肢をたくさん持っている！

5 スケールの大きな考え方をする！

スケールの大きな人生になる！

6 本物のスーパーセレブで生きる！

豊かな心・健康な体・艶やか華やか・広い選択肢を持つ！

7 常に自分も幸せでいて、相手も幸せでいることを目指している！

☆超ミラクルレディ
ハッピーなみちゃんの不思議のおすそわけ☆

今日から真似よう！「ナミラーになれる7つのポイント」

1 「エミラーになれる7つのポイント」をちゃっかり真似る

いいことはどんなこともすぐ取り入れて、自分のものにする！

2 "こうなればいいなぁ～"と常に良い想像を思い描く！

3 直感で判断！　直感で行動！

4 自分を信じて生きる！

自分の考え、夢、好きな人、選択したものを愛し信じて生きる！

5 うれしいことしか考えない！

わくわくすることにしか興味を示さない。すると、そんな現実ばかりやって来る！

6 良くない状況の中でも肯定的に物事をとらえる！

それこそが真のポジティブ！

7 目に見えない力を認め信じ、自分は守られていることを自覚し、感謝する気持ちで生きる！

エピローグ

めぐり逢ったすべての人・チャンス・出来事・運命に感謝します！

「人生ってね、誰に出逢うかですごく変わるものなんだよ。私がこうしてなみちゃんに話していることは、私も一人さんから聞いてきた話なんだよ」

えみさんは最後に、一人さんとの出逢いやその一人さんにもらった言葉によって自分が、人生が、とても大きく変わった幸せをしみじみ話してくれました。

「一人さんのすごいところはね、決して人を変えようとしないところなの！

一人さんはね、目のまえにいるその人を、ありのまま認めて受け止めて接する、とても優しくておおらかな人なの。何も強制したりしない、ただただ、その人の個性が磨かれるようなすべてのことを教えてくれる人なの。

しかも、すごくいい話をいっぱい持っていて、とても勉強家で、もの知りなんだけど、決して自分の考えを押し付けたりしない人なの。

たとえば、私が〝そんないい話、もっとみんなに聞かせてあげて！〟と、言

って も、〝うん、そうだね。でも、聞きたいっていう人に話さないと意味ないんだよ。聞く耳を持っていない人に言っても、それはおせっかいなだけなんだよ〟って言う人でね。でも、そのかわり〝知りたい！　聞きたい！〟っていうと、惜しみなくいろんなことを話してくれるのよ！

しかもね、一人さんは若い頃からずっとこういうあり方の人でね、いまもその良さは全然変わらないの。そういうところに私は一人さんの大きな魅力を感じるのよね」

そうえみさんは、とてもうれしそうに語ってくれました。

そして、えみさんが一人さんに見せているその姿が、いま私がえみさんに見せているこの姿と同じだ！　と、重なって見えた私は、なんだか胸に熱いものがこみあげてきて、えみさんが一人さんに出逢った幸せと、私がえみさんに出逢ったこの幸せが、とても大きな意味を持っていることに気づいて、このめぐり逢いに心の中は感謝の気持ちでいっぱいになっていました。

そして、なぜ当時からいまもなお、一人さんの話に夢中になっていたか、こんなふうに語ってくれました。

「ある時、私はなんで一人さんとこんなに一緒にいるんだろうって考えてみたのね。そしてわかったんだけど、一人さんってとにかくいつも楽しそうだったの！　他の人がみんなつまらなさそうな顔をしている中で、一人さんだけはいつもいつも楽しそうだったの。とにかく世間の人とは全然違ってた！

それが本当に魅力的だったの。

それで、この人についていったらきっと楽しい人生になりそうだなって、そう感じたのね！　そしてそれは大正解だったの！」


なんだかわかる気がします。私も一人さんやえみさんが大好きだから共感できるのです。とてもとても楽しくて、お話や一緒に過ごす時間に夢中になってしまうのです。


そして、最後にこんなことを……。

「じゃあ、みんなも一人さんや一人さんみたいないい人と出逢いたいって思うわけでしょ。だったら、どうしたらそんな素晴らしい人に出逢えるのかってい

うとね、それは決して難しいことじゃないの。つまり、

〝いつも笑顔でいること〟
〝素直でいること（素直に人の話に耳を傾けられること）〟
〝目のまえの人がよろこぶことをすること〟。

そうやって、自分が内側も外側も光って輝いていると、神様がちゃんと良いタイミングで良い出逢いを授けてくださるようになるから」

これからの人生は、自分の磨き方によって変わってきます。魅力があれば、良い人とも良い仕事とも良い出来事とも、豊かなお金とも、必然的につながるようになっています。

自分の中に豊かなものをふやして、光り輝く自分でいるように心がけ、実り多い幸せな人生を一緒に生きていきましょう。

最後に――。

「億万長者になるのは難しいことじゃないかもしれない」と思わせてもらえました。

豊かさをどれだけ自分の内側に持ち、どれだけ自分の外側にも放ってきたかによるものだからと、教えられた気がします。

超スーパーセレブな億万長者〝ツイてるえみさん〟の真の姿は、大きな愛がぎっしりつまった、ただただ優しい豊かな心の人でした。

あとがきまえのエピソード

私がえみさんや銀座まるかんを知ったのは、１９９７年に出ていた斎藤一人さんの著書『変な人が書いた成功法則』という本がきっかけでした。

その中の言葉すべてに私は、とても感動し、いまも何度も読み返しています。苦しくなると読み返すその本は、もう私の手垢でぼろぼろになっていますが私にはとても大切な宝物です。

当時、私は勝手に、著者の斎藤一人さんを年老いたすべてを悟った仙人のようなおじいさんだと思っていて、心の中で、

「斎藤一人さん、いつか必ず私は成功者になってビッグになって、この本で受けた良い影響の答えを伝えにあなたに逢いにいきますから、その時までどうか現役でバリバリがんばって活躍していてください！」

と、声にならない声を天に送っていました（実際には、当時一人さんはかっこいい素敵な40代でした）。

私は自分がその本で受けた衝撃と影響を、ご本人に伝えたくてしかたありま

せんでした。

そして、それが叶う日が実際に来たのです！

私は銀座まるかん柴村グループとのご縁で、斎藤一人さんの「生涯納税日本一パーティー」に行くことができ、直に一人さんにお逢いすることができ、その思いを伝えるお手紙を渡すことができたのです。

私が、影響を受けた日本一の一人さんは、宇宙一あたたかい人でした。

そして、その一人さんのすべてが受け継がれていたえみさんやまるかんスタッフの人々も、とてもとてもあたたかい愛にあふれた人たちでした。

人の愛に飢えていた私は、そこで、たくさんの愛をいただき、感謝と豊かさを自分の中に持つことができたのです。

自分の中に、何かに対する感謝や、感謝することができる自分を持てたことがとてもとてもうれしく、感動的で、すべてがそこにたどり着くための必需品だったことを知り、このご縁の深さを不思議に感じずにはいられませんでした。

身内でもなかなかうまく愛情を表現してはくれないその中で、まるかんの人たちは、本当にあたたかく優しかったのです。

その優しさと心の豊かさを通して私は、人間のぬくもりや真の優しさや、人としてどうあるべきかを学びました。


『人は人によって磨かれる！』

まさにそういうことでした。


人は環境にないことは身につかないのです。

愛を与えられたことのない人は愛し方がわからないし、他人に優しくされた経験のない人もまた他人に優しくするすべを知らないものです。

また、豊かな暮らしをすることや、お金を上手に稼ぐすべを知らない人は、それもまた身につかないのですよね。

私は、自分が気づいたここでの尊いことを、いつか必ず本にしようと思っていました。そして、今回それが叶ったのです！

えみさんが、「書いてもいいよ」というおおらかなお言葉をくださった時、涙があふれてとまりませんでした。

いつもいつもお逢いするたびに、本当に親身になって私を励ましてくれたり、勇気づけてくれたり、まちがっている時には「そうじゃないよ」と、心からの言葉をかけてくださったこと、私はありがたくて、ただ感謝することしかできませんでした。えみさん本当にありがとうございます。

妹を、初めてえみさんに逢わせた時、妹は、「おねえちゃん、えみさんお母ちゃんに似てる」と、言って、亡くなった母のことを思い出して泣いていました。

えみさんの幼少の頃のお話の中にも、私の小さい頃の出来事と重なる部分がいっぱいあって、本当にとても不思議なご縁を感じます。

人は人に出逢うべくして出逢っているのだとしたら、ちゃんとその意味をわかりたいと私は思いました。

えみさんに聞いたお話のすべてが、私の生い立ちやいまのあり方やこれからのことをいろいろ示唆してくれていて、私はその意味を考えずにはいられませんでした。

そして、私と同じように、この話を必要としている人がいるかもしれないと、今回その一部を書かせていただきました。

この本が、みなさんの気づきや良い影響につながることを願ってやみません。

私を支えてくれているすべてのことに、いまは感謝の気持ちでいっぱいです。

そして、感謝することの尊さを教えてくださった斎藤一人さん、えみさん、銀座まるかんスタッフのみなさんに心からお礼申し上げます。

ありがとうございます。感謝します。

あとがき――愛する関係者のみなさんへ

今回もまた、私の書きたいものをこうして思うように本にさせていただけましたこと、心より感謝いたします。ありがとうございます。

本は、単なる物ではないと私はいつもそう思っています。それは心を持った生身の人間と同じくらい、人に影響を与えたりするものなのですよね。

ファンレターが来るたび、それを痛感させられ、私は、本のむこう側にいるすべての人に感謝の気持ちと愛しさで胸がいっぱいになります。

こんなちっぽけな私に何ができるのかと、思い悩むこともありますが、それでもたった一人でもいいから、私の中にあるものを伝えたいと、熱い想いがあふれてくる毎日です。

そんな私に書く場をたくさん提供してくださっている、ゴマブックスに感謝の気持ちでいっぱいです。

何も言わず、私の書くものを信じて、書くための舞台や活躍の場面をたくさん与えてくださっているあたたかい嬉野勝美社長、本当にありがとうございます。心から感謝しています。

また、時には優しく、時には厳しく、褒めてくれたり、叱ってくれたりして、私が倒れないようにサポートしてくださっている遠藤励起編集長、本当にありがとうございます。いつもいつも感謝しています。

また、ハードな編集作業も快く順調に進めてくださっている編集の大森美緒さん、ありがとうございます。

そして、私の本の幸せなゆくえを力強くサポートしてくださっている営業の宮脇輝雄さん、ありがとうございます。感謝しています。

ステキなイラストを素晴らしい感性で提供してくださるイラストレーターの飛鳥幸子さん、本当にありがとうございます。感謝しています。飛鳥さんの絵が私は大好きで仕方ありません。だから毎回とってもうれしいです。

そして、私の本を手にとり、読んでくださったすべての読者の方に、愛と敬意と感謝の気持ちをいっぱいいっぱい送りたいです。

あとがき

本当にありがとうございます。心より感謝しています。

みなさんの人生に愛と光が、たくさんたくさん訪れますように！

そして、精神的にも物質的にも、経済的にも、みなさんの人生のすべてが途方もない豊かさで満たされ、キラキラ輝く幸せが訪れますよう、心から願っています。

豊かさは豊かさを生む、ステキなものです！

ありがとうございます。感謝します。

「豊かだなァ〜、幸せだなァ」

佳川　奈未

著者へのお便りは、氏名、住所、年齢、職業、メールアドレスを明記のうえ、弊社編集部までお送り下さい。

女が幸せな億万長者になる方法

2005年 4月10日　初版第1刷発行

著　者　　佳川奈未
発行者　　大滝　昇
発行・発売　ゴマブックス株式会社
〒105-0001 東京都港区虎ノ門2-7-3 ギャラン虎ノ門ビル4F
電話　03（3539）4141
印刷・製本　暁印刷

2005 Printed in Japan　ISBN 4-7771-0114-2　C0030